Marie Ancilla Durliat

L'obéissance à l'épreuve du mensonge

Marie Ancilla Durliat

L'obéissance à l'épreuve du mensonge

Réflexion sur les dérives dans la vie religieuse

Éditions Croix du Salut

Imprint

Cover image: www.ingimage.com

Publisher:
Éditions Croix du Salut
is a trademark of
International Book Market Service Ltd., member of OmniScriptum Publishing Group
17 Meldrum Street, Beau Bassin 71504, Mauritius
Printed at: see last page
ISBN: 978-613-7-37652-2

Introduction

Le fait d'avoir travaillé sur les dérives qui ont cours dans l'Église, en particulier dans la vie communautaire sous ses diverses formes, m'a conduite à me demander si l'obéissance n'en était pas le point névralgique. Beaucoup de témoignages, lus ou entendus, montrent en effet que l'obéissance et donc aussi l'autorité, sont mises en cause dans presque tous les cas de dérives. Dom Dysmas de Lassus, dans son livre, *Risques et dérives de la vie religieuse*, paru aux Editions du Cerf en 2020, examine les dangers de certaines pratiques concernant la vie spirituelle ou le gouvernement des communautés ; il a pointé en particulier la question de l'exercice de l'autorité et celle de l'obéissance. C'est un supérieur qui parle et sa réflexion m'a interrogée : son approche peut-elle aider des religieux, spécialement ceux qui débutent, à débusquer les dérives lorsqu'ils y sont affrontés ? Il semble que, pour lui, une connaissance claire de la théologie de la vie religieuse et le recours à des garde-fous institutionnels tels que le Code de Droit canonique et les visites canoniques, sont une solution pour prévenir les dérives. Mais est-il allé au fond du problème ? Les dérives, en réalité, ont leur racine en amont des communautés, à un niveau ecclésial. Or de cela, on ne prévient pas les religieux ; et leurs connaissances théologiques, aussi performantes soient-elles, ne leur permettront pas de comprendre où est le danger, à moins qu'ils y soient confrontés un jour. Mais alors, ils n'ont pas les moyens de le cerner et sont pris au dépourvu pour réagir.

En jetant un regard sur les cinquante-quatre années que j'ai passées dans la vie religieuse, je me suis demandée si la formation donnée aux novices et aux jeunes religieux, au niveau de l'obéissance, les arme suffisamment pour pouvoir et savoir lutter contre les dérives sectaires qui touchent le gouvernement, lorsqu'ils sont aux prises avec ce problème. Bref, une solide formation, théologique et spirituelle, suffit-elle pour prémunir contre les dérives ? N'y aurait-il pas un problème spécifique de notre époque, auquel la formation donnée dans le passé ne répond pas ?

La formation s'arrête en quelque sorte à mi-chemin ; elle ne va pas jusqu'au bout de ce qui est en jeu et ne s'attaque pas aux causes profondes. Par peur, peut-être, de mettre des supérieurs ou des hommes d'Église en cause ? ou parce que des religieux pourraient être découragés devant l'héroïsme que cela demande ? Il est devenu préférable de donner une bonne formation intellectuelle sur l'obéissance et, concrètement, d'apprendre une soumission qui évite de faire des vagues dans les communautés et dans l'Église.

Tout cela me paraît indispensable à connaître pour savoir si, quand on s'engage dans la vie religieuse, on est décidé, oui ou non, à obéir en toute lucidité, quoi qu'il arrive. Sinon, il faut réajuster son tir rapidement, avant qu'il ne soit trop tard.

J'ai cherché à faire une réflexion théologique et spirituelle, non à rapporter des faits. Il y a eu beaucoup de témoignages de victimes ces dernières années, et je pense qu'il est temps d'aller plus loin.

Une solide formation théorique

Introduction

Etant entrée au monastère des Dominicaines de Lourdes en 1966, j'ai bénéficié de sessions et de retraites du P. Labourdette et du P. Ranquet, tous deux dominicains, sur la vie religieuse. Autant dire que la théologie de saint Thomas d'Aquin sur les trois vœux, a été au cœur de ma formation. C'était un peu abstrait, il est vrai, pour une jeune novice, mais cela structurait l'esprit de façon indélébile.

Il me semblait que tout avait été dit par saint Thomas, que sa doctrine constituait un roc solide que rien jamais n'ébranlerait. En cela, je pense que je ne me trompais pas ; mais le choc a été rude, lorsque quelques dizaines d'années plus tard, je me suis rendue compte que, si cette belle théologie continuait à se transmettre, elle était déconnectée de la réalité vécue. Elle était ébranlée par des faits en contradiction avec elle ; concrètement, autre chose servait à gérer la vie religieuse, que je ne connaissais pas.

Toute discussion devenait impossible, alors même que l'obéissance dominicaine est fondée sur la liberté, sur un *consensus*, comme nous le verrons plus loin. Comment envisager de renier tout ce qui m'avait structurée, et par suite, ma conscience ? Que s'était-il passé ? Que faire ? Un long parcours a été nécessaire avant de comprendre. Ce sont les fruits de cette réflexion que je voudrais rapporter dans ce livre.

Dans un premier temps, j'ai rappelé les grandes lignes de la formation que j'ai reçue au noviciat ; elle comportait un enseignement solide sur l'obéissance, étant donné la place occupée par cette vertu dans la vie religieuse et la forme propre qu'elle prend dans la vie dominicaine. Des cours et des sessions sur la question, m'ont inculqué ce que saint Thomas d'Aquin expose à propos de cette vertu dans sa *Somme théologique*[1]. Rien ne remplace des connaissances claires et précises, quel que soit l'art auquel on veut s'adonner et, en matière d'obéissance, saint Thomas a bien balisé le chemin. Cet enseignement, le premier reçu, est d'ailleurs dans le prolongement de la Règle de saint Augustin qui est la nôtre, et des commentaires qui en ont été faits au XIIIe siècle, en

---

[1] http://www.revue-item.com/2539/la-vertu-d%e2%80%99obeissance-selon-saint-thomas/

particulier celui d'Humbert de Romans, cinquième Maître de l'Ordre. Mais cela, je ne devais le découvrir que dans un deuxième temps.

J'ai donc rappelé dans une première partie les trois dimensions de l'obéissance, qui sont le socle sur lequel repose notre obéissance dominicaine : l'obéissance humaine, l'obéissance du Christ, l'obéissance chrétienne. Il était alors possible d'exposer les grands axes de l'obéissance dominicaine. Elle n'est pas l'unique forme d'obéissance, mais c'est celle que je connais et qui, normalement devrait exclure toute forme de dérive, vu ce qu'elle est. Et pourtant… C'est ce qui fera l'objet de la deuxième partie.

Une obéissance humaine

Saint Thomas, en analysant ce qu'est l'obéissance commune à tous les hommes, met en place quatre éléments qui devront se retrouver dans toute forme d'obéissance : sa relation au bien commun et ce qui en découle pour l'autorité ; la nécessité de la liberté et son corollaire : le devoir de désobéir dans certaines circonstances. Il est important de commencer par bien voir comment ces composantes s'articulent pour mieux comprendre ensuite ce que sont des formes d'obéissance particulière, comme l'obéissance chrétienne et l'obéissance religieuse.

L'obéissance, vertu du bien commun

Pour une dominicaine, l'obéissance est d'abord la vertu du bien commun, l'héritage thomiste oblige. « Par sa nature, l'homme n'est pas ordonné à autrui » dit clairement saint Thomas[2]. Il serait absurde de dire que certains sont chefs par nature et que d'autres sont faits pour leur obéir. Mais alors quelle est cette obéissance qui concerne tous les hommes ? Elle repose sur une vérité fondamentale : l'homme est fait pour vivre en société, ce qui implique d'orienter son agir vers le bien commun au groupe, à le rechercher. Cela, l'obéissance justement le rend possible. Le P. Labourdette disait que l'obéissance est la vertu du bien commun. Le bien commun concerne toutes les dimensions de la vie sociale : culturelle, politique, économique, et aussi spirituelle.

Actuellement, on a tendance à exalter la personne, et on risque de mettre le bien commun sous le boisseau. Or le premier bien commun, c'est Dieu[3] ; il ne se partage pas quand beaucoup le possèdent, tous l'ont en entier.

---

[2] Thomas d'Aquin. *Somme théologique*, Ia, q.96, a4, http://belgicatho.hautetfort.com/archive/2016/11/04/la-vertu-d-obeissance-5869808.html

[3] Ibid., Ia, q. 60, a. 5, ad 5um.

Dieu est le bien commun de tout l'univers, son principe et sa fin : l'univers est créé pour participer à la bonté de Dieu qui est sa fin propre. Et c'est ce qui unit les hommes les uns aux autres, car la communauté est liée à l'existence d'un bien commun.

L'autorité vient de Dieu en vue du bien commun

Qui dit obéir, dit obéir à quelqu'un, à une autorité. Tout groupe social a besoin d'une autorité pour parvenir à son but : la réalisation de ce pour quoi elle existe, son bien commun. Sans une autorité, aucun groupe humain ne peut subsister. L'autorité tient sa valeur et sa légitimité profonde du droit naturel et donc de Dieu, dont le droit naturel ne fait qu'exprimer la Loi éternelle ; elle est participée de l'autorité divine.

« L'homme est soumis à Dieu absolument pour toutes choses, pour les choses intérieures et extérieures. C'est pourquoi il est tenu de lui obéir en tout. Mais les inférieurs ne sont pas ainsi soumis à leurs supérieurs, ils ne le sont que pour des choses déterminées. A l'égard de ces choses les supérieurs sont des intermédiaires entre Dieu et leurs inférieurs ; mais pour le reste, ces derniers sont immédiatement soumis à Dieu qui les éclaire par la loi naturelle ou écrite[4]. »

Toute autorité vient de Dieu, elle est participée de l'autorité divine et c'est le bien commun qui en fixe le champ d'action et les limites. Ce qui nécessite une loi. Pour saint Thomas, en effet, « la fin de la loi est le bien commun, parce que, comme le dit saint Isidore (*Etym.*, liv. 5, chap. 21), *la loi ne doit pas être faite pour le bien privé, mais dans l'intérêt général des citoyens*. Il faut donc que les lois humaines soient proportionnées au bien commun[5] ».

La personne qui commande, en effet, ne peut le faire que pour autant qu'elle a autorité. L'autorité n'est pas un pouvoir arbitraire et indéfini qui tiendrait au fait que telle personne serait par elle-même et en toute chose supérieure à telle autre. Elle est directement relative au service du bien commun et conditionnée par ce service. Certes, l'autorité vient toujours ultimement de Dieu, et donc il est toujours conforme à la

---

[4] Ibid., IIa IIae, q. 104, a.5, resp. 2.

[5] Ibid., Ia-IIae, q. 96, a. 1, *corpus*.

volonté de Dieu que l'on obéisse au détenteur de l'autorité. Mais si l'autorité vient de Dieu, le précepte, lui, ne vient pas de Dieu.

L'obéissance est une réponse à la direction donnée par l'autorité chargée du bien commun ; elle est déterminée par le précepte qui indique cette direction.

Le supérieur ne peut pas commander tout ce qu'il veut ; il commande pour procurer le bien commun dont il a la charge. Et l'obéissance est une décision libre et responsable d'accomplir ce commandement, d'observer les lois de la société qui sont légitimes. La loi est donnée pour rendre l'homme meilleur par la pratique de la vertu, elle défend l'intérêt des citoyens : le bien commun. On obéit parce que le précepte vient de celui qui a autorité pour décider en vue du bien commun. L'obéissance regarde le supérieur dans son office de direction vers le bien commun. Aussi a-t-elle pour objet ce qui traduit et exprime cette direction : le précepte[6].

Une obéissance libre

Le supérieur joue donc un rôle important pour connaître quel est son devoir. Mais la liberté de celui qui obéit intervient aussi et donc la conscience, en vertu de laquelle nous sommes responsables de tout ce que nous faisons librement, même obéir[7]. Ce n'est pas parce que l'on obéit que l'on est déchargé de toute responsabilité ; chacun a la responsabilité de ce qu'il a fait en obéissant. L'aveuglement du supérieur qui commande ne justifie pas que l'inférieur lui obéisse en aveugle :

« L'inférieur n'a pas à juger du précepte de son supérieur, mais il a à juger de l'accomplissement du précepte pour la partie qui le concerne. En effet, chacun est tenu

---

[6] Cf. R.P. M.-M. Labourdette, « La vertu d'obéissance selon saint Thomas », dans *Revue thomiste*, octobre-décembre 1957, http://www.revue-item.com/2539/la-vertu-d%e2%80%99obeissance-selon-saint-thomas/

[7] « Les esclaves ou les sujets sont mus par les ordres des autres, mais de manière qu'ils se meuvent aussi eux-mêmes par leur libre arbitre. C'est pourquoi il faut qu'il y ait en eux une droiture de conduite par laquelle ils se dirigent eux-mêmes, tout en obéissant à ceux qui les commandent », Thomas d'Aquin, *Somme* théologique, IIa-IIæ, q. 50, a. 2.

d'examiner ses actes à la lumière de la science qu'il tient de Dieu, que cette science soit innée, acquise ou infuse : tout homme doit en effet agir selon sa raison[8]. »

Et cela, parce qu'en dernier ressort, il faut obéir à une autorité supérieure, qui n'est autre que Dieu qui a déposé sa loi dans notre conscience. Le P. Labourdette explique :

« Un supérieur humain en effet n'est jamais seul à me tracer mon devoir. L'usage de ma liberté, et donc la détermination de mes jugements pratiques dépend aussi d'autres obligations, dont certaines sont antérieures et plus profondes, et en tout cas le précepte n'intervient que comme l'une de ces obligations. J'ai une conscience, en vertu de laquelle je suis responsable de tout ce que je fais librement, *même obéir*. C'est une idée saugrenue que le précepte du supérieur me couvrirait au point que toute la responsabilité retomberait sur lui ; il me reste toujours inaliénablement la responsabilité d'avoir obéi, dès lors que je l'ai fait en homme. Par exemple, je comprends que mentir est un péché ; non seulement personne ne peut me commander de penser le contraire, ce qui est de l'ordre du jugement spéculatif, mais personne ne peut me prescrire de dire un mensonge, ce qui est de l'ordre du jugement pratique. Ne disons pas que "je me soustrais à l'obéissance", ou même que j'oppose alors à l'obéissance des vertus plus hautes, car il n'est même plus question d'obéissance à cet ordre-là. Tout simplement, j'obéis à une autorité supérieure à toute autre, à Dieu lui-même, dont la loi non écrite, que je porte dans ma conscience, me signifie l'ordination. Dans un tel cas, le précepte humain n'est plus qu'un abus de pouvoir, il est sans valeur, ni valeur d'obligation, ni valeur d'*excuse*[9]. »

L'exemple pris est l'exemple du mensonge sur lequel nous aurons à revenir.

Devoir de désobéir

Il y a donc des cas où il ne faut pas obéir. Les droits du supérieur sont limités. Lorsque, en donnant son précepte, il usurpe une autorité qu'il n'a pas, il y a abus de pouvoir. Trois cas de figures peuvent se présenter :

---

[8] Saint Thomas d'Aquin, *De Veritate*, q. 17, a. 5, ad 4um.

[9] R.P. M.-M. Labourdette, op. cit., pp. 626-656.

— soit le supérieur intervient dans un domaine qui est celui d'une autorité supérieure :

« En ce qui concerne l'organisation de son activité et des affaires humaines, le sujet est tenu d'obéir à son supérieur en tenant compte de la supériorité qui lui est propre ; ainsi le soldat au chef de l'armée en ce qui concerne la guerre ; le serviteur à son maître en ce qui concerne le service à exécuter ; le fils à son père en ce qui concerne la conduite de sa vie et l'organisation domestique, et ainsi du reste[10]. »

— Deuxième cas, le supérieur intervient dans un domaine qui n'est pas le sien et qui ne concerne pas le bien commun du groupe sur lequel il a autorité. Les limites de l'obéissance sont déterminées par la mesure même du droit du supérieur à commander. Si quelqu'un qui a autorité donne un ordre contraire au commandement de Dieu, il est évident qu'il ne faut pas lui obéir, mais obéir à Dieu.

« Les inférieurs sont tenus d'obéir à leurs supérieurs seulement dans les choses pour lesquelles ils leur sont soumis, et pour lesquelles les supérieurs ne sont pas en opposition avec l'ordre d'une puissance plus élevée.

[...] Car Sénèque dit (*De benef.*, liv. 3, chap. 20) : Il se trompe celui qui croit que la servitude pèse sur l'homme entier. Car la meilleure partie lui échappe. Les corps sont soumis à la volonté du maître, mais l'esprit reste libre. C'est pourquoi, en ce qui appartient au mouvement intérieur de la volonté, l'homme n'est pas tenu d'obéir à l'homme, mais seulement à Dieu. — L'homme est tenu d'obéir à son semblable dans les choses que l'on doit exécuter extérieurement au moyen du corps ; mais il n'est pas tenu de lui obéir en ce qui appartient à la nature du corps ; il ne doit à cet égard obéissance qu'à Dieu ; parce que tous les hommes sont égaux par nature, par exemple, en ce qui regarde l'entretien du corps et la génération des enfants. Les serviteurs ne sont donc pas tenus d'obéir à leurs maîtres, ni les enfants à leurs parents, quand il s'agit de se marier [...], ou de garder la virginité, ou dans toute autre circonstance semblable. Mais pour ce qui regarde la disposition des actes et des choses humaines, l'inférieur est tenu d'obéir à son supérieur selon la nature du pouvoir de ce dernier. Ainsi le soldat

[10] Saint Thomas d'Aquin, IIa IIae, q. 104, a. 2, resp. 1.

doit obéir à son général pour tout ce qui a rapport à la guerre ; le serviteur doit obéir à son maître en ce qui regarde l'exécution de toutes les œuvres serviles ; enfin le fils doit être soumis à son père en tout ce qui concerne l'éducation et les soins domestiques, et ainsi des autres[11]. »

« L'homme est soumis à Dieu absolument pour toutes choses, pour les choses intérieures et extérieures. C'est pourquoi il est tenu de lui obéir en tout. Mais les inférieurs ne sont pas ainsi soumis à leurs supérieurs, ils ne le sont que pour des choses déterminées. A l'égard de ces choses les supérieurs sont des intermédiaires entre Dieu et leurs inférieurs ; mais pour le reste, ces derniers sont immédiatement soumis à Dieu qui les éclaire par la loi naturelle ou écrite[12]. »

« Chaque fois que quelqu'un pourra et peut-être devra ne pas obéir, c'est qu'il n'y a pas de précepte pour lui ; ce qui ressemble au précepte, dans la mesure où il veut en avoir la force d'obligation, est tout simplement un *abus de pouvoir*. Cette notion est évidemment capitale. L'abus de pouvoir est toujours en définitive l'*usurpation par un supérieur d'une autorité qu'il n'a pas*. Saint Thomas en distingue deux grandes formes, dont la seconde plus particulièrement gardera, dans le langage courant, le nom d'abus de pouvoir : celle où le supérieur entreprendrait sur un domaine qui ne lui est pas soumis. Qu'est-ce qui ne lui est pas soumis ? Exactement ce qui reste en dehors du bien commun dont il a la charge. Spécifiée par ce bien commun, son autorité est par le fait même limitée par lui[13]. »

En effet, selon la parole de saint Pierre rapportée dans les Actes des Apôtres, *il faut obéir à Dieu plutôt qu'aux hommes* (Ac 5,29), c'est-à-dire continuer à annoncer le Christ, malgré l'interdiction des sanhédrites. Benoît XVI a commenté cette phrase en disant : « L'obéissance à Dieu est la liberté, l'obéissance à Dieu lui donne (à Pierre) la liberté de s'opposer à l'institution. »

---

[11] Thomas d'Aquin, *Somme théologique*, IIa IIae, q. 104, a. 5, *corpus*.

[12] Ibid., IIa IIae, q. 104, art. 5, ad 2um.

[13] R.P. M.-M. Labourdette, o*p. cit.*, p. 21.

— Troisième cas enfin, le supérieur ne respecte pas les règles qui concernent la façon dont il doit prendre sa décision.

Après avoir rapidement exposé les quatre composantes de l'obéissance humaine, nous pouvons voir comment le Christ a obéi et ce que son obéissance nous apporte.

Le Christ, le parfait obéissant

Obéissance à l'autorité humaine...

Jésus est un homme à part entière, il a vécu tout ce que vivent les hommes ; il a donc été obéissant. Comme tout homme, le Christ a fait l'expérience de la relation à l'autorité. Il ne faudrait pas courcircuiter trop vite l'expérience humaine du Fils ; c'est à travers elle seule, que nous atteignons sa relation au Père.

Jésus s'est inséré dans des lois civiles : il est né à Bethléem parce que ses parents s'y sont rendus pour un recensement prescrit par César Auguste ; il meurt par suite d'un jugement pris par Ponce Pilate. Étant Juif, il a respecté les institutions de son peuple : il monte à Jérusalem pour la Pâque, il paye l'impôt du Temple, etc. Très vite, cependant, dès son ministère public, il entre en conflit avec les autorités légitimes du moment. Il conteste, en effet, l'interprétation étroite de certaines observances qu'elles imposaient, révélant ainsi qu'il ne partageait pas leurs manières de voir (Mt 23) ; il n'a pas peur de déplaire (Mt 11,20 ; 12,41), mais ne cède pas à la violence (Mt 26,52). Il provoque ainsi progressivement des réactions parmi les garants du bien commun de la nation. Face à la mort menaçante, il continue à témoigner de la vérité que le Père lui ordonne de révéler au risque de sa vie (Jn 10,18). Jésus est mort pour avoir préféré l'obéissance à son Père plutôt qu'à une autorité dont, cependant, il n'a jamais contesté la légitimité.

Pour Jésus, l'obéissance aux autorités religieuses est relative à la volonté du Père (Jn 17,17). L'autorité a un caractère inaliénable, mais en même temps relatif ; les coutumes humaines ne peuvent être au-dessus de la volonté du Père : elles ne sont pas le vrai bien commun de la nation.

Aucune parole ou attitude de Jésus rapportée par les évangélistes ne contredisent les affirmations de Paul (Rm 13,1-7) ou de Pierre (1 P 2,13-17) sur l'autorité *voulue par Dieu*. Mais depuis le Christ aucune autorité humaine, même religieuse, n'est plus tenue pour absolue : elle suppose toujours une référence à « la volonté du Père » comme à la valeur suprême que son existence même rappelle symboliquement à la conscience de tous. C'est toujours pour dénoncer une mauvaise interprétation de la volonté de Dieu que Jésus s'oppose à l'autorité, sans cependant mettre en cause le principe de sa légitimité.

...en référence à la volonté du Père

Le terme employé dans l'Ecriture pour parler de l'obéissance de Jésus est *upakoè*. Il s'agit d'écouter une parole qui vient de plus haut que soi, de se mettre sous la parole pour l'accueillir et s'y conformer. Jésus est constamment à l'écoute du Père pour mettre en œuvre, en toute liberté, ce que le Père lui demande de faire et de dire : il ne fait rien de lui-même et il ne parle pas de lui-même.

Jésus obéit donc en écoutant la parole du Père qui est plus grand que lui, en se plaçant sous sa volonté pour l'accomplir librement et cela, jusqu'à la mort de la croix (Ph 2,6-8). Faire la volonté du Père implique un renoncement à sa volonté propre accompagné de souffrance, et une offrande : *non pas ce que je veux, mais ce que tu veux* (Mc 14,36). Cette obéissance est marquée par son anéantissement et elle est au cœur même de l'œuvre du salut (He 10,5-7 ; He 5,8). Sa mort sur la croix est un libre acquiescement à la volonté du Père et cette obéissance scelle sa totale communion avec lui. L'obéissance de la croix apparaît comme un moment privilégié de la communion de Jésus à la volonté de son Père ; elle jaillit de son amour pour le Père.

Sa mission propre consiste justement à révéler dans toute sa plénitude la volonté du Père, c'est-à-dire le commandement de l'amour, source et fin de tout le dessein divin (Jn 15,12-13). Or ce commandement est pleinement révélé à tous : *Je ne vous appelle plus serviteurs... mais amis... Je vous ai fait connaître tout ce que j'ai appris de mon Père* (ibid.). Cette confidence accordée à ses apôtres après le dernier repas, ceux-ci l'ont placée au cœur du message évangélique.

Saint Jean traduit cette obéissance avec l'image de la nourriture : le Christ fait de la volonté de son Père sa nourriture, ce qui exprime sa totale communion avec lui. *Ma volonté, dit-il, est de faire la volonté de celui qui m'a envoyé* (Jn 4,34 ; 6,38). Il nous a ouvert par là un chemin de vie.

Jésus passe par des réalités humaines, dont fait partie l'obéissance, pour faire la volonté aimante de son Père, pour sauver l'homme.

Valeur rédemptrice de l'obéissance du Christ

Par son obéissance, Jésus arrache l'homme à la désobéissance du péché, en prenant le contre-pied de la désobéissance d'Adam (Rm 5,19).

En désobéissant au commandement qui lui avait été donné, Adam en effet s'est détourné de la volonté de Dieu. La liberté de l'homme, instable par essence, a failli. L'homme, fait à l'image de Dieu, a défiguré cette image par le péché, en désobéissant au commandement de Dieu :

« Pourquoi Adam a-t-il touché au fruit défendu, interroge saint Augustin ? Lui manquait-il d'autres fruits à cueillir, sinon qu'il voulût être son propre maître, et qu'il se plût à transgresser le commandement de Dieu, afin de devenir semblable à Dieu, en échappant à toute domination, puisque Dieu ne peut avoir de maître. Coupable égarement ! Fatale présomption ! Ô mort méritée pour être ainsi sorti des voies de la justice ! Voilà qu'il a rompu le commandement de Dieu, qu'il a secoué le joug de la discipline, qu'il a brisé, dans l'impétuosité de son orgueil, les rênes qui le guidaient ; où est-il maintenant ? Il est captif et il s'écrie : *[...] Combien de tribulations multipliées et douloureuses, tu m'as fait voir !* C'est à juste titre, serviteur orgueilleux. Tu as voulu acquérir avec ton Dieu une ressemblance criminelle, toi qui étais fait à l'image de ton Dieu. Espérais-tu donc trouver ton bien en t'éloignant du souverain bien ? [...] Si Dieu est bon [...] que seras-tu en t'éloignant de lui, sinon méchant ? De même s'il est notre bonheur, que trouverons-nous en nous éloignant de lui, sinon la misère ?[14] »

Ayant désobéi à Dieu par orgueil, Adam s'est éloigné de la source de la vie, de l'amour du Père ; de la communion avec le Père, il est tombé dans la mort. Si Adam a été chassé du paradis, loin de la vie de Dieu, c'est parce que le poids de son amour l'entraînait loin de Dieu.

L'obéissance du Christ est pour la vie du monde ; elle est donc au cœur même de l'œuvre de salut ; elle a valeur rédemptrice. À l'inverse de l'attitude d'Adam qui s'est révolté contre Dieu, le Christ s'est fait obéissant jusqu'à la mort de la croix. Son

[14] Augustin, *En. in Ps.* 70, *s.* 2,7-8.

obéissance a été douloureuse, parce qu'elle a été un combat contre le péché, un combat pour obéir au Père à travers la haine des hommes.

L'évangile de Jean souligne, beaucoup plus que les synoptiques, la filiation divine du Christ, sa relation au Père. Cette relation est une relation d'obéissance : tout ce que Jésus dit et fait exprime la volonté du Père, toute sa vie est en dépendance du Père. Son obéissance traduit son être le plus profond ; il vit constamment dans une profonde intimité avec le Père : il est le Fils.

Cette obéissance, qui marque tous les actes de sa vie, le Christ la manifeste surtout dans sa mort, puisque selon les paroles de Paul, *il s'est fait obéissant jusqu'à la mort, et la mort de la croix* (Ph 2). Augustin explique, commentant les paroles mêmes de Jésus que, s'il meurt, c'est par un acte libre d'obéissance totale à la volonté de son Père. Jésus déclare en effet :

« *Voici que le prince de ce monde vient, et en moi il ne trouvera rien, alors que, même dans les justes qu'il fait mourir, il trouve quelque chose, en moi il ne trouvera rien.* Et comme si on lui demandait : "Mais s'il ne trouve rien en toi, pourquoi te mettra-t-il à mort ?", il continue : Pour que tous sachent que je fais la volonté de mon Père (Jn 14,30-31). Je ne paie pas, dit-il, la dette de la mort, comme une conséquence nécessaire de mon péché, mais en mourant j'accomplis la volonté de mon Père, et je fais plus que subir (c'est-à-dire que cette mort ne m'est pas imposée) puisque, si je voulais, je ne souffrirais pas. Tu l'entends dire en effet dans un autre passage : J'ai le pouvoir de donner ma vie et j'ai le pouvoir de la reprendre (Jn 10,18)[15]. »

Ce n'est pas simplement le Christ en tant qu'homme qui obéit ; la personne même du Fils qui s'est incarné, accomplit la volonté du Père jusqu'à la mort :

« Quel plus grand modèle d'obéissance pourrait nous être donné à nous qui avons péri par désobéissance, que celui du Dieu Fils obéissant au Dieu Père jusqu'à la mort de la croix ? Mais, ajoute-t-il, où le prix de cette obéissance serait-il mieux montré que dans le choix d'un tel médiateur qu'il a ressuscité pour la vie éternelle ?[16] »

---

[15] Ibid., *Tract. in Io. Ev.* 41,7.

[16] Ibid., *De Trin.*, 13,17,22.

L'obéissance pascale est la manifestation et la réalisation parfaite de la volonté de Dieu. C'est dans sa condition librement assumée de serviteur humilié, que le Fils éternel manifeste aux hommes ce que le Père veut être pour eux : un Père, et ce que les hommes deviennent pour le Père : des fils. Il n'a pas voulu nous enseigner à devenir fils de l'extérieur. Pour nous manifester le dessein d'amour éternel du Père, pour le réaliser, il s'est fait le serviteur souffrant. Par amour, il a lié son destin à celui des enfants de Dieu égarés en faisant sienne notre condition de pécheurs livrés à la souffrance et à la mort, pour accomplir, là même où nous étions loin de Dieu, notre vocation filiale. Il nous a rejoint au creux de notre péché pour nous éveiller à notre vocation filiale. Il s'est abaissé par amour, il a pris tout ce qui fait notre condition, y compris la souffrance et la mort. Étant Fils de Dieu, le péché ne pouvait l'atteindre. Or son amour était tel qu'il a voulu faire sienne notre condition de péché, même s'il n'avait pas péché lui-même. Il s'est plongé au cœur de nos relations blessées par l'orgueil, la haine, la vengeance, etc., et il nous a montré comment être à l'écoute du Père, comment se mettre sous sa Parole, comment adhérer à sa volonté par amour.

Mais c'est parce que le Christ est le Fils, uni au Père de toute éternité dans une relation filiale, que tout le dessein d'adoption du Père est rassemblé, réalisé, manifesté, dans son obéissance libre, aimante et divinement efficace. L'obéissance pascale du Fils manifeste au plus haut point la disposition bienveillante de la volonté de Dieu, son désir de rétablir l'homme dans sa condition de fils. Parce qu'il est le Fils éternel du Père, il a pu être le libre et parfait serviteur de la volonté salvifique du Père. Qui pouvait, mieux que le Fils, restaurer la vie filiale ?

L'unité, fruit de l'obéissance du Christ

Le péché avait brisé l'unité des hommes qui existait en Adam ; Adam avait été dispersé ; il a été rassemblé en un par la communion et la concorde, fruit de la Pâque du Christ, fruits de l'Esprit : « Adam fut un seul homme et il est cependant le genre humain tout entier. Il a été comme brisé et, après cet éparpillement, il est rassemblé et pour ainsi dire fusionné en un seul par le lien de la société et de la concorde spirituelle[17]. »

---

[17] Ibid., *Tract. in Io. Ev.* 10,11 ; BA 71, p. 575.

Par son obéissance, le Christ a retourné la désobéissance d'Adam. Augustin commente :

« Singulier exemple d'obéissance, car il est venu faire non pas sa volonté, mais la volonté de celui qui l'a envoyé, à la différence de celui qui a choisi de faire sa volonté, non la volonté de celui qui l'a créé. C'est donc à juste titre que, *de même que par la désobéissance d'un seul beaucoup ont été constitués pécheurs, de même par l'obéissance d'un seul beaucoup seront constitués justes* (Rm 5,19), car de même que tous meurent en Adam, de même tous recevront la vie dans le Christ (1 Co 15,22)[18]. »

Par suite du péché d'Adam, la mort tenait tous les hommes captifs. Le Christ a donc tué la mort sur la croix, nous apportant ainsi la délivrance :

« Le Christ n'a pas apporté la mort ici-bas, mais il l'a trouvée propagée par la malédiction qui a frappé le premier homme (Ga 3,10), et cette mort, fruit du péché, cette mort qui est la nôtre, le Christ l'a prise et l'a suspendue au bois[19]. »

Le Christ a cloué à la croix notre chair marquée par le péché. Et comme il était lui-même sans péché, la mort n'est plus en lui la conséquence inéluctable du péché ; elle est l'offrande de lui-même, fruit d'une obéissance dans l'amour. Elle perd donc son pouvoir : au lieu d'être séparation d'avec Dieu, elle devient union à Dieu :

« Le Seigneur lui-même nous dit : *Vous avez été vendus pour rien, vous serez rachetés sans rançon* (Is 52,3). Sans rançon, c'est-à-dire sans la vôtre, parce que c'est moi qui l'ai payée. C'est le Seigneur lui-même qui vous fait cette promesse. Il a racheté nos âmes, non point avec de l'argent, mais avec son sang. Car nous étions dans l'esclavage et réduits à la dernière misère.

Notre Seigneur est donc le seul qui nous délivre de cette servitude ; il n'y a pas été soumis, c'est pour cela qu'il est notre libérateur, car il est le seul qui soit revêtu de cette chair sans aucun péché. [...] Nous ne pouvons être délivrés du péché que par celui qui est venu sans péché et qui s'est fait sacrifice pour les péchés[20]. »

---

[18] Ibid., *De Gen. ad litt.*, 8,14,32.

[19] Ibid., *En. in Ps.* 37,26.

[20] Ibid., *Tract. in Io. Ev.* 41,5.

Le Christ est le grand obéissant, il est celui qui, par humilité, a toujours écouté son Père et accompli sa volonté ; Adam au contraire est celui qui n'a pas écouté et qui a désobéi. Nous avons à choisir entre les deux, à modeler notre attitude sur l'un ou sur l'autre, et ce choix est proposé à tous, à tous les hommes et à tous les chrétiens : soit suivre et imiter le Christ pour écouter Dieu et faire sa volonté ; soit imiter Adam pour faire sa propre volonté en n'écoutant pas la parole de Dieu.

Par l'incarnation il n'y a qu'un seul Christ, le Christ Total, c'est-à-dire le Fils incarné et les hommes :

« Le Christ est un avec le Père car le Père et le Fils ont une même nature et il s'est fait un seul avec nous car il s'est anéanti en prenant forme de serviteur[21]. »

Aussi, lorsque le Christ obéit sur la croix, nous sommes présents en lui : son obéissance est devenue la nôtre et par son choix libre face à la volonté de Dieu, il transforme notre orgueil en obéissance filiale :

« Le Christ, revêtu de la nature humaine, voulant nous proposer une règle, nous apprendre à vivre, et nous donner la véritable vie, nous a montré une volonté particulière, qu'il avait en sa qualité d'homme, dont il a fait en même temps l'expression de sa volonté et la figure de la nôtre, parce qu'il est notre Tête et que, comme vous le savez, nous lui appartenons toujours comme ses membres. *Mon Père, a-t-il dit, si cela peut se faire, que ce calice passe loin de moi* (Mt 28,39). C'était là sa volonté humaine, exprimant un désir qui lui était propre, et qui n'était en quelque sorte qu'un désir privé. Mais comme il voulait que l'homme eût le cœur droit, afin que, s'il y avait quelque chose en lui d'un peu détourné, il le redressât sur celui qui est toujours droit : Mais, ajouta-t-il, qu'il en soit ainsi, non ce que je veux, mais ce que tu veux, ô mon Père.

Cependant, que pouvait vouloir le Christ qui fût mal ? En un mot, que pouvait-il vouloir d'autre que ce que voulait son Père ? Puisque leur divinité est une, ils ne peuvent avoir une volonté différente. Mais dans sa nature humaine, Jésus représentait alors les siens, comme il les représentait lorsqu'il disait : J'ai eu faim et vous m'avez donné à manger (Mt 25,35), comme il les représentait encore, lorsque du haut du ciel, alors que personne ne le touchait, il cria à Saul enflammé de fureur, et persécuteur des saints :

---

[21] Ibid., *S.*, 144, 5.

Saul, Saul, pourquoi me persécutes-tu ? (Ac 9,4). Par là il fit voir une volonté propre à l'homme ; par là il vous montra vous-même, et vous corrigea[22]. »

Le Christ a converti notre volonté pécheresse en une volonté conforme à celle de Dieu. Notre cœur tortueux est devenu simple :

« Ceux qui ont quitté Adam et Ève pour s'attacher au Christ ont changé en mieux [...]. Notre changement en mieux n'est pas dû à notre justice, mais à la grâce de Dieu qui le produit [...]. C'est Dieu qu'il faut louer de notre changement en mieux. [...] Mais comment s'est opéré ce changement, si ce n'est par la passion du Christ ? [...] Remarquons donc la cause de notre changement, c'est-à-dire la passion même du Seigneur[23]. »

Par son péché, l'homme a fait l'expérience du désordre qu'a entraîné pour lui sa désobéissance à Dieu ; le Christ est le chemin vers le Père dans sa personne et dans ses actes : par l'humanité qu'il a prise, il est le chemin qui nous mène jusqu'au Père et, par ses exemples, il nous montre comment, par opposition à l'orgueil d'Adam, l'humilité qui se concrétise dans l'obéissance est le chemin de notre propre retour à Dieu. Le Christ nous a libérés, il a rendu à l'homme la liberté. Être libre, c'est suivre, avec l'aide de la grâce, l'attrait vers le bien que Dieu a mis en tout homme, pour le conduire vers le bonheur. La liberté va trouver son épanouissement dans l'obéissance à la volonté de Dieu, qui n'est autre que la volonté de bonheur que Dieu a pour l'homme. Être libre, c'est donc obéir à Dieu, en trouvant sa joie dans cette obéissance, en trouvant sa joie dans les commandements de Dieu.

L'obéissance du Christ est toute orientée vers l'unité des hommes avec Dieu et vers l'unité entre eux ; elle est encore orientée vers le bonheur de l'homme en lui donnant de retrouver sa liberté.

---

[22] Ibid., *En. in Ps.* 32, II, 2.

[23] Ibid., *En. in Ps.* 68, I, 2.

L'obéissance chrétienne

Enracinée dans le baptême

Par le baptême, le chrétien est plongé dans l'obéissance du Christ.

Depuis l'Evangile, il n'existe plus de monopole du savoir quant aux fins et aux valeurs suprêmes, mais chacun doit coopérer à sa place et selon son rôle propre à l'avènement du Royaume.

Tous ont les mêmes critères derniers pour discerner, juger au besoin, les décisions prises. L'autorité n'en garde pas moins son rôle propre et inaliénable. Elle symbolise très spécialement la figure à laquelle le Christ se réfère lui-même : celle du « Serviteur », au service non pas tant de la communauté que de la volonté du Père sur la communauté.

L'obéissance chrétienne intègre ce que nous avons dit de l'obéissance, mais elle est avant tout obéissance théologale : obéissance à Dieu pour faire sa volonté, comme l'a fait le Christ : *Ma volonté est de faire la volonté de celui qui m'a envoyé* (Jn 4,34). L'obéissance du Christ est pour la vie du monde ; elle est donc au cœur même de l'œuvre de salut. Ainsi, l'aspect de mortification de l'obéissance peut devenir offrande à l'intérieur du sacrifice du Christ et contribuer par là, à l'union de tous les hommes avec Dieu. L'obéissance chrétienne a deux volets : l'obéissance à Dieu et l'obéissance à des intermédiaires humains.

Obéissance à Dieu : écouter et faire la volonté de Dieu

L'obéissance à Dieu consiste à écouter et à faire la volonté de Dieu ; c'est l'obéissance théologale, premier volet de l'obéissance chrétienne. Cette obéissance est enracinée dans celle du Christ. Elle est fondée sur des textes de saint Paul (Rm 5,19 ; Ph 2,8 ; He 5,8 ; 10,7) et tout chrétien entrer dans cette obéissance.

L'obéissance vise d'abord à nous unir au Christ et donc à l'Église. Par là, elle est un sacrifice puisque, comme le dit saint Augustin, « le vrai sacrifice est toute œuvre qui contribue à nous unir à Dieu ». L'obéissance, qui naît de la charité et tend vers la charité, est donc un vrai sacrifice. Mais à cause de notre condition de pécheur, elle comporte une part de renoncement coûteux : notre volonté a besoin d'être redressée, réorientée. C'est pourquoi le Christ s'est offert en sacrifice à son Père en passant par la souffrance et l'obéissance jusqu'à la mort.

L'aspect de mortification de l'obéissance peut donc devenir offrande à l'intérieur du sacrifice du Christ et contribuer par là à l'union de tous les hommes avec Dieu.

Une obéissance ecclésiale

Mais si l'obéissance du chrétien est obéissance à Dieu, elle est aussi une obéissance humaine : elle passe par des intermédiaires investis d'une autorité. Elle est, à sa manière, une vertu de collaboration au bien commun sous la direction d'une autorité qui vient de Dieu, mais elle prend une coloration nouvelle, avec une finalité seconde qui s'adjoint à la première. Elle est en effet inséparable du mystère de Jésus Christ et de son incarnation rédemptrice. Comme tout homme, le Christ a fait l'expérience de la relation à l'autorité. Il est toujours dangereux de court-circuiter trop vite l'expérience humaine du Fils ; c'est à travers elle seule que nous atteignons sa relation au Père.

Quant à l'autorité, elle n'en garde pas moins son rôle propre mais symbolise, de plus, la figure à laquelle le Christ se réfère lui-même : celle du « Serviteur », au service non pas tant de la communauté que de la volonté du Père sur la communauté ; le serviteur qui a lavé les pieds de ses disciples (Jn 13,1-17).

En définitive l'Evangile affermit le fondement de l'autorité et de l'obéissance en les référant à la volonté du Père, mais en même temps il les relativise car elles n'ont pas un caractère absolu. La relation autorité-obéissance est une médiation privilégiée, mais une parmi d'autres. En tenant compte des modalités propres à chaque situation, tout chrétien est appelé à vivre dans cet esprit les multiples relations d'obéissance et d'autorité dans lesquelles il est engagé. Il ne s'agit pas encore de ce que l'on appelle le « conseil évangélique » de l'obéissance.

Si l'obéissance du chrétien est obéissance à Dieu, elle est aussi une obéissance humaine : elle passe par des intermédiaires investis d'une autorité.

L'obéissance dominicaine

Présentation

Humbert de Romans, cinquième Maître de l'Ordre des Prêcheurs et contemporain de Thomas d'Aquin, traite de l'obéissance dans sa lettre sur l'observance de la vie régulière L'obéissance dominicaine, comme l'obéissance chrétienne, dit-il, est marquée par le désir de ressembler au Christ :

« Par un zèle attentif, frères très chers, efforçons-nous de nous adonner aux activités vertueuses, afin que par là nous nous conformions au Christ, nous soyons élevés vers le chemin de la perfection et restaurés grâce à la gloire. Et qui conteste que l'obéissance soit telle ? De fait, notre Sauveur l'embrasse à tel point que, devenu obéissant au Père jusqu'à la mort (Ph 2), il est condamné au supplice de la croix. Par elle Abraham, père de nombreux peuples, quitte sa terre et sa parenté, et se soumet jusqu'à l'immolation de son fils, qui lui était si cher (Gn 22). Par elle Josué envahit la terre promise, et tua les ennemis par le glaive (Jos 14 ; Nb 13 ; Ex 17).

Nous nous instruisons donc et nous nous exhortons dans le Seigneur à conserver le bien de l'obéissance avec d'autant plus de soin que sans celle-ci il ne peut y avoir de salut pour des réguliers : sachant avec certitude que l'obéissance est une œuvre agréable au Dieu tout-puissant, par laquelle devient captive pour le Christ la plus grande noblesse de l'âme, à savoir la liberté de notre volonté. C'est pourquoi il est digne et juste que plus quelqu'un est attaché maintenant étroitement par l'obéissance, plus il sera élevé un jour dans les cieux avec plus de gloire. Cela même nous est indiqué de façon sûre par l'exemple du frère à qui quatre sortes d'hommes bons ont été montrées, et qui vit que le plus grand était celui qui observa l'obéissance (*Vies des Pères*[24])[25]. »

---

[24] N 296 : Rufus 2, dans L., REGNAULT, *Les Sentences des pères du désert*, Solesmes, 1970, p. 205.

[25] Humbert de Romans, *Lettre sur l'observance de la vie régulière*, II.

Humbert de Romans dit clairement que l'obéissance des religieux est une des formes que prend l'obéissance et précise qu'elle concerne un registre très particulier de la vie, « l'observance de la discipline » :

« Il faut savoir aussi que, bien que tous les hommes soient tenus à l'obéissance de quelque façon, les réguliers cependant, à cause de leur vœu, y sont davantage obligés. En effet il faut obéir au père de famille en ce qui concerne le bon ordre de sa maison, aux rois en ce qui concerne le gouvernement de l'Etat, aux prêtres responsables en ce qui concerne l'exposition des préceptes divins et l'administration des sacrements, aux prélats des Ordres en ce qui concerne l'observance de la discipline, au prélat suprême qui est Dieu en ce qui concerne l'aversion des vices et la garde des dix commandements[26]. »

Outre les lois civiles et les lois de l'Église, qui sont autant de médiations communes à tous les chrétiens, les religieux se placent donc sous une règle et des constitutions qui déterminent le contenu de la vie régulière, ainsi appelée justement parce qu'elle est une vie selon une Règle propre.

Dans la vie dominicaine, l'obéissance est marquée par la théologie de saint Thomas, mais plus en amont par la Règle de saint Augustin. L'obéissance est avant tout la vertu qui fait rechercher et mettre en œuvre non seulement le bien commun de l'Église, mais aussi celui de la communauté religieuse. Il n'y a pas un supérieur qui est au-dessus de sujets, mais une communauté dont les membres cherchent ensemble quel est son bien commun jusque dans les dimensions les plus concrètes de la vie. Les religieux doivent donc être capables de discerner et de mettre en œuvre le bien commun. Il ne suffit pas de faire ce que dit un supérieur pour être obéissant, ce qui supposerait que le supérieur connaît quel est le bien commun à lui tout seul, ou a un pouvoir qu'il possède à lui tout seul. Un supérieur ne peut pas connaître seul quel est le bien commun de la communauté. Il n'est pas au-dessus de ses membres, même s'il est habituel de l'appeler supérieur, selon le vocabulaire utilisé dans le Code de droit canonique.

---

[26] Ibid., XIII.

Nous verrons donc ce que la Règle en vigueur dans l'Ordre des Prêcheurs dit de l'obéissance, puis nous analyserons un texte officiel de l'Église en consonnance avec l'obéissance dominicaine. Enfin nous nous arrêterons sur l'obéissance telle qu'elle est présentée actuellement dans l'Ordre, à travers les constitutions et un de ses Maîtres de l'Ordre représentatif de la pensée de l'Ordre : Timothée Radcliffe.

La Règle de saint Augustin

La Règle de saint Augustin ne fait pas état d'une obéissance religieuse particulière. Pour lui obéir, comme pour saint Paul, c'est mettre son oreille sous la Parole. Or quelle direction indique la Parole ? Vivre dans la charité jumelle, l'amour de Dieu et du prochain. Tous les préceptes de l'Ecriture peuvent se résumer en effet dans la charité.

Le texte de la Règle sur l'obéissance est bref :

« *Obéissez au responsable*[27] comme à un père, et plus encore au prêtre qui a charge de vous tous.

Veiller à l'observation de toutes ces prescriptions, ne laisser passer par négligence aucun manquement, mais amender et corriger, telle est la charge du responsable. Pour ce qui dépasserait ses moyens ou ses forces, qu'il en réfère au prêtre dont l'autorité sur vous est plus grande.

Quant à celui qui est à votre tête, qu'il ne s'estime pas heureux de dominer au nom de son autorité mais *de servir par amour*[28]. Que l'honneur, devant vous, lui revienne d'être à votre tête ; que la crainte, devant Dieu, le maintienne *à vos pieds*[29]. Qu'il s'offre à tous comme *un modèle de bonnes œuvres*[30]. Qu'il *reprenne les turbulents, encourage les pusillanimes, soutienne les faibles ; qu'il soit patient à l'égard de tous*[31]. Empressé lui-même à observer cette règle de vie, qu'il en impose le respect. Et bien que l'une et

[27] He 13, 17.

[28] Mt 20, 25-28.

[29] Jn 13, 14-15.

[30] Tt 2, 7.

[31] 1 Th 5, 14.

l'autre soit nécessaire, qu'il recherche auprès de vous l'affection plutôt que la crainte, se rappelant sans cesse que c'est à Dieu qu'il *aura à rendre compte de vous*[32].

Quant à vous, par votre obéissance *ayez pitié de vous*[33] sans doute, mais plus encore de lui ; car, parmi vous, plus la place est élevée, plus elle est dangereuse. »

Augustin aborde une question capitale pour une communauté : les relations entre les frères et le responsable, c'est-à-dire l'obéissance et l'autorité. Le responsable (*praepositus*) est celui qui est placé devant pour conduire la communauté. Ce terme est employé aussi bien pour l'évêque que pour celui qui gouverne un monastère. Toutes les citations bibliques qu'il utilise pour parler du responsable, sont d'ailleurs celles que l'on trouve dans ses sermons à propos de l'évêque car, dans tout groupe humain, il faut quelqu'un qui dirige pour maintenir l'unité. C'est là ce qui est commun à l'évêque et au responsable d'un monastère. L'obéissance est donc la vertu qui rend docile à ce que Dieu nous demande par l'Ecriture, qui n'est autre que la charité qui, pour saint Augustin, est source de l'unité. L'obéissance ne promeut donc pas autre chose que l'unité.

L'obéissance d'après *Evangelica Testificatio*

La tradition connaît une conception de l'obéissance, presque oubliée dans les textes de l'Église, et qui est dans la ligne du monachisme augustinien. Un seul document officiel de l'Église, sur la vie religieuse, s'en fait l'écho : l'exhortation apostolique *Evangelica testificatio* (ET), de Paul VI (1971).

Le Christ, source de l'obéissance (ET 23)

Le fondement de l'obéissance des religieux est bien sûr l'obéissance du Christ. Mais ce qui est au premier plan ici, c'est la charité du Christ et non sa soumission. Cette charité se traduit par une obéissance qui est avant tout accomplissement de la volonté du Père et service de ses frères. Et ceci à travers la souffrance.

Les références bibliques sont les mêmes que dans les textes conciliaires.

---

[32] He 13, 17.

[33] Tb 12, 10.

Autorité et fraternité évangélique

L'ecclésiologie de Vatican II est prise comme référence fondamentale. L'Église est d'abord une communion ; elle est présentée comme un peuple dont tous les membres sont des frères unis par une même charité, et la hiérarchie est au service de ce peuple[34]. La présence du Christ dans la communauté, dans cette vision des choses, est liée au corps ecclésial.

L'autorité est perçue avant tout comme un service (Mt 20, 28) ; elle est une participation au mystère du Christ serviteur. Exercer l'autorité, c'est servir ses frères[35] pour collaborer avec Dieu au développement de son œuvre créatrice et à l'expansion de son règne[36].

Autorité et obéissance au service du bien commun

L'autorité, de concert avec l'obéissance, est au service du même bien commun (ET 25,28), sous deux modalités complémentaires (ET 25), dans une même participation au mystère pascal.

Quelques conséquences découlent de cette approche :

— Discerner la volonté de Dieu n'est pas réservé au seul supérieur. Celle-ci « recherchée fraternellement, par un dialogue confiant entre le supérieur et son frère, [...] ou par une concertation générale au sujet de ce qui regarde une communauté[37] ». C'est à travers le dialogue, la recherche commune, la mise en commun des expériences, que le dessein d'amour du Père va être découvert et sa volonté accomplie. L'obéissance s'enracine ici dans la relation de chacun à la communion fraternelle.

---

[34] ET 24 qui renvoie à LG I-III.

[35] On peut remarquer que, dans ET, il est question de frères et non de sujets pour parler de ceux qui obéissent.

[36] *Auctoritas* vient de *augere* : augmenter. Cf. P.-R. REGAMEY, *Paul VI donne aux religieux leur charte*, Problèmes de vie religieuse, Cerf, Paris, 1971, p. 109.

[37] Ibid. Cf. la célèbre parole du cinquième Maître général de l'Ordre des Prêcheurs : « Toute décision approuvée en commun sera exécutée rapidement et sans difficulté » (H. DE ROMANS, *Commentaire de la Règle de saint Augustin,* XVI).

— Désobéir n'est pas regardé comme un attachement à sa volonté propre, mais comme une atteinte portée au bien commun (ET 28).

— L'obéissance des frères est un « assentiment [...] aux ordres » (ET 27) des supérieurs, non une soumission à leur volonté : c'est le précepte qui est l'objet de la vertu d'obéissance[38]. Il exprime un ordre, c'est-à-dire quelque chose de vu et de calculé en raison, sur le bien commun.

Une obéissance conforme à l'obéissance dominicaine

Nous ne pouvons que constater que la présentation de l'obéissance religieuse d'*Evangelica testificatio* correspond à l'approche de saint Thomas d'Aquin. Elle est donc enracinée dans une réflexion sur l'obéissance comme vertu morale[39]. Lorsqu'on sait qu'un dominicain, P. R. Régamey, a participé à l'élaboration de cette exhortation apostolique, on comprend aisément cette parenté.

L'obéissance est regardée comme une vertu qui concourt au bien commun[40] sous la direction de l'autorité légitime : son fondement humain est mis en pleine lumière. Si l'on doit être obéissant aux justes lois et aux préceptes de l'autorité légitime, c'est que le bien commun du groupe auquel on appartient ne peut être assuré sans cela (ET 25). L'autorité a pour fonction la charge du bien commun, elle doit y diriger les énergies de tous les membres du groupe. Il est clair que l'obéissance s'adresse à la liberté d'hommes adultes. « Bien loin d'être une vertu de mineurs, elle ne trouve sa perfection que dans l'homme parfaitement libre, acceptant sa condition d'appartenir à un groupe social dont le bien commun demande la collaboration de tous sous la direction de l'autorité qui en a la charge[41]. » Dans ce contexte, la vertu principale qui accompagne l'obéissance n'est pas la foi mais l'amitié qui unit les membres du groupe.

---

[38] Cf. : « L'objet propre de l'obéissance, c'est le précepte, lequel procède de la volonté d'un autre, qui commande » (Saint Thomas d'Aquin, *Somme théologique,* II-II, q. 104, a. 2, *ad 3um*).

[39] *Ibid.,* q. 104 et 186, a. 5.

[40] Cf. M. Labourdette, « Le bien commun comme fondement de l'obéissance », dans *Le problème de l'obéissance,* Le point 8, Apostolat des éditions, Paris, 1969, p. 59-77.

[41] *Ibid.*, p. 71.

Et même si l'obéissance religieuse dépasse le fondement de l'obéissance humaine, elle l'exige et l'inclut. Ce qui appartient à la nature humaine est pris en compte pour être guéri et élevé jusqu'à Dieu. « Si l'obéissance a déjà un fondement dans les exigences de cette nature, si elle est une valeur indispensable à l'accomplissement de la vie humaine, la vie chrétienne la reprendra et l'assumera, tout en y ajoutant sa propre valeur et ses motivations. Elle n'en changera pas la structure, même si elle en modifie l'accentuation et le climat général et l'ouvre sur de plus grands biens[42]. » Le bien commun recherché dans la vie religieuse est la vie divine reçue dans le Christ, la sainteté, l'unité du Corps du Christ. C'est ce bien commun que l'autorité va servir, c'est à lui qu'elle ordonne l'obéissance. Et cela va se vivre avant tout dans un climat de charité, qui est le bien commun de la communauté que tous cherchent à découvrir et à promouvoir. Cette façon de présenter l'obéissance est en continuité avec celle de la Règle de saint Augustin, d'Humbert de Romans et de saint Thomas d'Aquin.

Et c'est ce qui unit les hommes les uns aux autres, car la communauté est liée à l'existence d'un bien commun. Ceci est vrai de l'univers, mais l'est aussi de l'Église et donc de la vie religieuse : c'est la fin poursuivie, le bien commun, qui assure l'unité car toutes les volontés tendent vers lui. Un corollaire s'impose : chaque membre de la communauté doit participer au pouvoir détenu par le responsable de la communauté.

L'obéissance permet de réaliser à plusieurs ce qui est le meilleur bien de la communauté. Ce meilleur bien, dans une communauté de moniales dominicaines, comme dans l'Église d'ailleurs, c'est l'unité que crée la charité que le Saint-Esprit répand dans nos cœurs.

Obéir, c'est servir le bien commun de la communauté et c'est la communauté qui détermine ce qu'est son bien commun ce qu'elle veut réaliser et mener à bien. L'obéissance ne porte pas sur autre chose.

---

[42] M. Labourdette, op. cit, p. 60.

Une tradition toujours en vigueur

Les constitutions des moniales

Les constitutions des moniales dominicaines — qui sont une adaptation des constitutions des dominicains — porte la marque de la théologie de saint Thomas d'Aquin. L'obéissance y est intimement liée à l'unanimité, à la recherche du bien commun et passe donc par la recherche d'un *consensus*. Le *consensus* est un élément caractéristique du gouvernement de l'Ordre. Précisons que l'unanimité d'une élection est considérée au Moyen âge comme l'expression de la volonté divine[43]. Il ne s'agit pas d'une démocratie avant l'heure.

Humbert de Romans insiste beaucoup sur la nécessité pour les frères d'avoir une unité d'esprit, de volonté. À propos de la bonne unanimité, il écrit :

« Des hommes ayant diverses intentions se séparent en général dans leurs actions et leurs désirs, comme si, vivant sur un bateau, ils voulaient aborder à divers ports. D'où naîtront en eux des projets et des actes si différents que l'un voudra naviguer dans une direction, l'autre dans une autre. Mais si tous s'orientaient vers un seul port, ils n'auraient pas ces divergences entre eux, car tous s'accorderaient vers le même but. On voit que l'unité de but entraîne l'unité des cœurs. [...] C'est pourquoi, sur ce sujet, Hugues dit dans le commentaire de la règle : "À quoi sert-il de vivre dans la même maison, si les volontés sont séparées ?" Pour moi, j'ajoute : Quelle hypocrisie ce serait d'avoir le même habit, le même office, la même profession, les mêmes observances, et des esprits différents ![44] »

Et à propos de ce qui trouble l'unanimité, il note :

« Il y a encore l'éloignement de la volonté divine. En effet, comme elle est unique, ceux qui y adhèrent toujours ont la même volonté, et ceux qui s'en détournent, orientés diversement, ont des esprits divisés. Car il faut rechercher la volonté de Dieu (cf. Rm 12) et la faire, comme on le demande dans l'oraison dominicale : (cf. Mt 6) "Que ta

[43] Cf. J. Gaudemet, *Les Élections dans l'Église latine des origines au XVIe siècle*, avec la collaboration de J. Dubois, A. Duval et J. Champagne, Fernand Lanore, Paris, 1979.

[44]. Humbert de Romans, *Commentaire de la règle de saint Augustin*, XVI.

volonté soit faite". [...] Et puisque nous devons conserver soigneusement l'unité d'esprit, selon Ep 4, avec quelle attention faut-il se méfier de ces [...] obstacles qui perturbent l'unité elle-même ! 45 »

Cette unité de volonté est en lien direct avec l'obéissance, puisque le prieur est chargé de capter le *consensus* de la communauté en quelque sorte :

« Il veillera beaucoup à conserver la paix de la communauté autant qu'il sera possible. Il ne s'écartera pas facilement d'un *consensus* ou d'une volonté, d'une décision commune, ou d'un souhait de la communauté[46]. »

On retrouve dans le commentaire de la règle d'Hugues de saint Victor (1096-1141), le même lien entre obéissance et unanimité ; c'est à ce passage qu'Humbert de Romans fait allusion dans son propre commentaire :

« Si nous sommes rassemblés corporellement, il faut aussi que nous ayons la même demeure spirituelle. Il ne sert de rien d'être réunis dans une seule maison, si nos volontés sont opposées. En effet, Dieu est plus attentif à l'unité d'esprit qu'à l'unité de lieu. Voici que dans une même demeure nous sommes de nombreux hommes, à l'éducation différente, aux cœurs et aux esprits dissemblables. Or une seule intention et un seul amour envers Dieu doit faire l'unité entre toutes ces réalités. Pour cela, nous devons avoir le même esprit et la même volonté, à savoir : servir Dieu et l'aimer de tout notre cœur et de toute notre âme, et le prochain comme nous-mêmes.

Il nous est demandé d'exercer la vertu de concorde qui sera à l'œuvre lorsqu'un frère, entrant au monastère, commencera à renoncer à sa volonté propre, imitant celui qui a dit : "Je ne suis pas venu pour faire ma volonté" (Jn 6) et encore : "Mon Père, non comme je veux, mais comme tu veux" (Mt 26). Car c'est surtout l'action de la concorde d'amener quelqu'un à faire non sa propre volonté mais celle d'un autre, en ce qui est bien. De plus, c'est le signe d'une grande humilité. De là naît l'obéissance, grandit la charité et la paix et la justice, et les vertus de l'Église. Tandis que si je veux faire ma

---

[45]. Ibid., XVII.

[46]. Humbert de Romans, Commentaire des constitutions.

volonté, et cet autre faire la sienne, nous ferons naître conflits, procès, colères et querelles, qui sont des œuvres de la chair[47]. »

Le frère Timothée Radcliffe

Le frère Thimothée Radcliffe, Maître de l'Ordre des Prêcheurs de 1992 à 2001, parle de l'obéissance en consonnance avec la tradition dominicaine. Il est utile de citer un long passage d'une lettre qu'il a écrite à l'Ordre, où se retrouve toutes les dimensions qui entrent en jeu dans l'obéissance dominicaine :

« Dans notre tradition, l'obéissance n'est pas fondamentalement la soumission de la volonté d'un frère ou d'une sœur à un supérieur. Parce qu'elle est expression de notre fraternité les uns avec les autres, de notre vie partagée dans l'Ordre, elle est fondée sur le dialogue et la discussion. Comme on l'a souvent souligné, le mot *obedire* vient de *ob-audire,* écouter. Le commencement de l'obéissance vraie, c'est quand nous osons laisser parler nos frères et sœurs et que nous les écoutons. "C'est le principe d'unité". C'est également quand nous sommes enjoints à grandir en humanité par l'attention aux autres. Les gens mariés n'ont pas d'autre choix que d'être entraînés au-delà d'eux-mêmes par les exigences de leurs enfants ou de leurs conjoints. Notre mode de vie, avec son silence et sa solitude, peut nous aider à grandir en attention et en générosité, mais nous risquons aussi de nous enfermer en nous-mêmes et dans nos propres préoccupations. La vie religieuse peut produire des gens profondément désintéressés ou fortement égoïstes, selon que nous écoutions ou non. Cela réclame toute notre attention, une réceptivité totale. Le moment fécond de notre rédemption, ce fut l'obéissance de Marie qui a osé écouter un ange.

Cette écoute demande que nous usions de notre intelligence. Dans notre tradition, nous utilisons notre raison non pas pour dominer l'autre mais pour nous en approcher. Comme le disait le P. Rousselot, l'intelligence, c'est "la faculté de l'autre". Elle ouvre nos oreilles pour entendre. Comme l'écrivait Herbert McCabe :

"C'est d'abord une ouverture d'esprit comme on en trouve dans tout apprentissage. L'obéissance ne devient parfaite que lorsque celui qui commande et celui qui obéit

---

[47]. Hugonis de s. Victor, *opp. Pars III – Mystica*, P.L. 198, 882.

partagent un même esprit. La notion d'obéissance aveugle n'a pas plus de sens dans notre tradition que n'en aurait celle d'apprentissage aveugle. Une communauté totalement obéissante serait une communauté où personne n'a jamais été forcé à faire quelque chose".

Il en découle que le premier lieu où nous pratiquons l'obéissance dans la tradition dominicaine, c'est le chapitre de la communauté, où nous discutons les uns avec les autres. La fonction de la discussion dans le chapitre est de rechercher l'unité de cœur et d'esprit en même temps que nous recherchons le bien commun. Nous discutons ensemble, en bons Dominicains, non pour vaincre mais dans l'espoir d'apprendre les uns des autres. Ce que nous recherchons n'est pas la victoire de la majorité mais, dans toute la mesure du possible, l'unanimité. Cette recherche de l'unanimité, même si elle est parfois inaccessible, n'exprime pas simplement un désir de vivre en paix les uns avec les autres. Plus radicalement, c'est une forme de gouvernement issue du fait que nous croyons que ceux avec lesquels nous sommes en désaccord ont quelque chose à dire et donc que nous ne pouvons atteindre seuls la vérité. Vérité et communauté sont inséparables[48]. »

N'oublions pas que *Veritas* est une devise de l'Ordre des Prêcheurs.

La liberté dominicaine

Lacordaire entendait dissiper le malentendu tragique qu'on vit éclater à la Révolution : les vœux de religion, loin d'attenter aux droits de l'individu, sont l'expression la plus haute de sa liberté. Selon lui, « le vœu d'obéissance n'était que la plus haute expression de la liberté, en tant qu'il s'agissait de l'obéissance consentie à des supérieurs librement élus, dont les décisions étaient strictement bornées par les statuts de l'Ordre, évitant ainsi tout abus de pouvoir » (Lacordaire, *Mémorial*). Cela, pour une dominicaine, est une évidence.

---

[48] T. Radcliffe, « Donner sa vie pour la mission », Lettre à l'Ordre des Prêcheurs, 1994, http://dominicains.ca/lettres-des-maitres-de-lordre/

Dans nos constitutions, l'obéissance est vécue par libre choix ; elle nous libère de nous-mêmes et « conduit à la maturité la dignité de la personne humaine en faisant grandir la liberté des enfants de Dieu (PC 14) ».

Notre texte explicite, à l'aide d'une phrase de saint Grégoire, comment l'obéissance procède d'un libre choix. Il s'agit d'une citation contenue dans un article de la *Somme théologique* sur l'obéissance intitulé : *L'homme doit-il obéir à l'homme ?* :

« Si Dieu a laissé l'homme au pouvoir de son propre conseil, ce n'est pas pour lui permettre de faire ce qu'il veut. C'est parce qu'il n'est pas contraint à faire ce qu'il doit par une nécessité de nature, comme les créatures irrationnelles, mais par un libre choix procédant de son conseil, selon ces paroles de saint Grégoire : "Nous soumettre à la voix d'un autre, c'est nous élever intérieurement au-dessus de nous-mêmes". »

Obéir, c'est retrouver le chemin de la liberté perdue en Adam, c'est trouver sa joie à faire la volonté de Dieu, c'est bien là le don de soi à Dieu.

L'obéissance est libre quand elle a la charité pour source et non l'obligation, comme le rappelait Humbert de Romans :

« Il est donc visible, mes frères, que l'obéissance est double : à savoir l'une de nécessité, et l'autre de charité. Celle-là regarde le précepte ; celle-ci donne son accord aux conseils et aux admonitions. Celle-là est contrainte par quelque nécessité ; celle-ci est dilatée par la grandeur de la charité. Celle-là appartient aux serviteurs par la contrainte, celle-ci appartient aux fils par la liberté de l'Esprit. Et de toute façon c'est un fait reconnu que celle-ci est d'autant mieux accueillie qu'elle est moins due[49]. »

Le cinquième Maître de l'Ordre des Prêcheurs insiste sur l'importance que l'obéissance soit ordonnée. Sa doctrine est proche de celle de saint Thomas et montre bien la liberté qui doit exister lorsque l'on obéit :

« Il n'en convient pas moins que l'obéissance soit réglée, de peur que, si son ordre est bouleversé, l'œuvre de l'obéissance ne soit aussi bouleversée. Il s'ensuit que, de même que notre raison doit être soumise au Créateur, de même que la volonté obéisse à la raison et la sensibilité à la volonté. En effet, quand la sensibilité se révolte contre

[49] Humbert de Romans, *Lettre sur l'observance de la vie régulière*, VIII.

la volonté, ou la volonté contre la raison, et la raison contre son Créateur, l'ordre de soumission qui doit exister disparaît dans l'âme. Dès lors, par un juste jugement de Dieu, ce qui nous est inférieur nous résiste ou s'oppose à nous, puisque nous n'obéissons pas à ce qui nous est supérieur.

Aussi l'ordre de l'obéissance, la différence des prélats étant pesée, doit être conservé de telle sorte que les plus grands passent avant les plus petits. En effet, lorsque deux prélats ordonnent des choses contraires, il faut obéir de toute façon au plus grand. D'où comme Dieu est le prélat suprême, les ordres des hommes doivent être absolument méprisés, si quelque chose est ordonné contre Dieu. En effet il convient, comme le dit Pierre (Ac 5), d'obéir à Dieu plutôt qu'aux hommes.

Il est donc évident que des actes mauvais ne doivent jamais être faits par obéissance, bien que, à cause d'elle, des actes bons soient omis raisonnablement. Et de fait, vous savez que la vie contemplative est supérieure de beaucoup à la vie active ; et cependant, lorsqu'un sujet est tiré de celle-ci vers celle-là, ce qu'il laisse à cause d'un ordre est compensé, par la vertu de l'obéissance, en surcroît de mérite[50]. »

---

[50] Ibid.

Conclusion

Au terme de notre première partie, nous constatons que la formation à l'obéissance qui a cours dans l'Ordre des Prêcheurs est très solide, très équilibrée, car elle repose sur une longue tradition qui a fait ses preuves au plan théologique et spirituel. Elle remonte au IVe siècle, avec la Règle de saint Augustin ; elle a connu un large développement au XIIIe siècle et, enfin, elle a repris toute sa force avec la demande de retour aux sources de Vatican II, pour la vie religieuse.

Il semblerait donc que la tradition dominicaine ne peut qu'être à l'abri des dérives au niveau du gouvernement et de l'obéissance. Mais cela est-il si sûr ?

Dominicaine, j'ai été amenée à me poser la question et à réfléchir quand des difficultés ont surgi à divers niveaux et ont interrogé ma conscience. Pourquoi l'idéal que j'admirais tant, semblait-il incapable de correspondre à la réalité ? Quelle pouvait en être la source ? C'est ce que la deuxième partie tentera de montrer.

Difficultés dans la mise en pratique

Introduction

Dom D. de Lassus écrit, à propos des dérives qui ont cours dans les nouvelles communautés : « Face à ces risques, la grande tradition des ordres anciens a mis en place des “éléments correcteurs” (le droit canonique, la règle, les chapitres et visites canoniques...), propres à renforcer les “défenses immunitaires” d'une communauté. Pour prévenir d'éventuelles dérives, il faut aussi en bien connaître les mécanismes et les pièges[51]. » Mais il n'envisage pas les disfonctionnements qui peuvent surgir dans l'application du droit, comme si la présence de ces éléments correcteurs suffisait à résoudre les problèmes. Or c'est là que le bât blesse. En effet, le droit canonique, la règle, les chapitres, les visites canoniques peuvent servir à promouvoir des dérives, d'autant plus facilement que le mécanisme en est bien connu par ceux qui sont censés en être les garants. Une dissociation s'introduit alors entre l'utilisation qui est faite du droit et les éléments institutionnels qu'il sert à garantir, ainsi que la théologie bien connue qui les sous-tend. Il y a alors mensonge chez ceux qui gouvernent.

Quant aux religieux, ils apprennent la théologie de l'obéissance, mais pas les dysfonctionnements qui peuvent exister dans la réalité. En fait, ils pratiquent une soumission les yeux fermés. L'obéissance les yeux ouverts, si l'on peut dire, est héroïque, mais on ne prévient pas les jeunes en formation. C'est pour cela qu'il y a des dérives. Combien de religieux se demandent si les conditions sont réunies pour qu'il y ait obéissance ? Combien ont refusé, un jour d'obéir, parce que ce n'était pas le cas ? Je n'en ai jamais entendu parler. On donne le P. Congar et le P. Chenu, qui se sont soumis à Rome, comme le chemin à suivre en toute circonstance, alors qu'il faut examiner ce qui est en cause dans chaque situation.

Dans la deuxième partie de ma réflexion, je me suis donc penchée sur les difficultés nouvelles que l'on rencontre, dans le contexte de notre XXIe siècle, pour mettre en pratique les principes rappelés : selon mon analyse, on se heurte en fait au mensonge

---

51 https://www.la-croix.com/Culture/Livres-et-idees/Derives-sectaires-lEglise-chartreux-prend-parole-2020-03-18-1201084803

structurel de notre société, auquel l'Église — et donc la vie religieuse — n'échappe pas. Nous essayerons de comprendre les diverses facettes de ce mensonge et comment il s'est introduit dans la vie religieuse. Ce sera l'objet du premier chapitre.

Dans ce contexte, la formation classique, celle que j'ai reçue et que j'ai rappelée — qui garde toute sa grandeur et sa beauté —, comporte des lacunes que j'ai essayé de cerner dans un deuxième chapitre.

Je me suis aussi arrêtée sur les difficultés propres à la situation de la femme dans l'Église, car ceci explique pourquoi les dérives sont plus importantes dans la vie religieuse féminine.

Le mensonge dans la vie religieuse

Deux sources de dérives

D'après Dom Dysmas, une communauté « a besoin [...] d'un système immunitaire qui a deux faces : l'une institutionnelle, la Règle, le Droit Canon, les chapitres, les visites, les conseils, etc., l'autre intérieure [...][52] ». Dans cette ligne, le fr. Loïc-Marie Lebot explique :

« Voici pour moi les trois principales conditions canoniques d'un évitement institutionnel conscient des dérives sectaires ou des atteintes à la personne des religieux : un texte constitutionnel clair et conforme aux principes de la vie religieuse, des institutions fonctionnant selon le texte constitutionnel, et un contrôle ecclésial interne et externe effectif[53]. »

Mais c'est laisser penser que les dérapages de l'obéissance trouvent leur cause dans une communauté et que les rouages institutionnels ne peuvent qu'être exempts de dysfonctionnements. Ce qui est extérieur à la communauté serait sain, sans aucun doute possible ! Mais c'est oublier une cause importante de dérives, qui vient justement des supérieurs et de la hiérarchie, de ceux-là même qui sont censés assurer le contrôle. Car, au lieu de garantir la liberté et les droits des religieux, il arrive qu'ils se servent de l'obéissance pour les bafouer.

A l'occasion de la rencontre, à Rome, de l'Union internationale des supérieures générales, le Pape François a rappelé : « Il ne s'agit pas seulement d'abus sexuels, mais aussi d'abus de conscience et de pouvoir contre lesquels il faut lutter [...]. S'il vous

---

[52] Dom Dysmas de Lassus, *Risques et dérives de la vie religieuse*, Ed. du Cerf, 2020, p. 394.

[53] Ibid., p. 395.

plaît : oui au service, non à la servitude ! » tout en relevant un problème : *« Nous pouvons dire non, mais quand la supérieure dit oui*[54]*... »*

On parle de plus en plus de dérives dans les communautés religieuses, soit du côté de l'autorité, soit du côté de l'obéissance. Et cela dans divers domaines : les mœurs le plus souvent, mais aussi l'argent et la doctrine. Il faut d'ailleurs remarquer que lorsque l'un est touché, très souvent les deux autres le sont aussi. Pourquoi ?

On invoque souvent le manque d'expérience des communautés nouvelles et des nouvelles communautés, leurs structures de gouvernements trop floues. Mais est-ce suffisant ? Ne faudrait-il pas chercher une cause plus profonde ? Car, lorsque des religieux théologiens, appartenant à des Ordres religieux qui ont une longue tradition très solide, sont mis en cause, les arguments avancés ne tiennent plus.

Pour ma part, je pense que c'est l'oubli de la morale, le relativisme omniprésent dans la société, qui s'est infiltré dans l'Église, et jusque dans les Ordres les plus solides. Peut-être pas au plan théorique, mais dans l'application pratique.

La morale catholique en recul

Actuellement, même dans la bouche de religieux, des slogans remplacent les commandements de Dieu :

- les religieuses ont fait vœu de pauvreté, elles n'ont pas besoin d'argent, et comme leurs biens sont des biens ecclésiastiques, donc... on peut les utiliser sans leur demander leur avis ;

- tout est en commun dans la vie religieuse, donc... ce qui est à toi est à moi et je peux te prendre tes biens ;

- les moniales sont des mineures, donc... on peut décider à leur place de leurs affaires ;

[54] https://www.la-croix.com/Religion/Catholicisme/France/religieuses-face-pouvoir-lobeissance-2019-05-12-1201021204

- des cardinaux ont décrété qu'une doctrine frelatée a des enjeux intéressants pour l'Église, donc... il faut que tout le monde l'approuve et malheur à qui veut rester fidèle à une foi sans compromis ;

- il faut aider des sœurs en détresse, donc... on peut leur mentir, et l'urgence permet ne pas suivre les procédures prescrites par les diverses lois, tant civiles que canoniques, qui les concernent : droits et devoirs sont ainsi balayés ;

- le prêtre est investi de pouvoirs que n'ont pas les religieuses, donc... il a un pouvoir absolu sur elles en tout domaine ;

- un religieux a osé dénoncer des procédures illégales donc... la calomnie est permise pour se défaire de lui ;

- un religieux dérange, il sait trop de choses, donc... les droits de l'homme peuvent être mis de côté ; il suffit de persuader tous ses supérieurs qu'il est dangereux et avant même d'examiner le dossier, sur simple dénonciation, son sort sera fixé sans qu'il puisse ouvrir la bouche pour exposer ses motivations et ses agissements véritables. Bref, le droit à la défense n'existe pas, quand on veut se débarrasser de quelqu'un. Et s'il a le malheur de demander une visite canonique, le visiteur est informé par avance de son comportement présumé et il sera doublement sanctionné.

- Un religieux fait appel à sa conscience ; mais, lui dira-t-on, comment peut-il affirmer que sa conscience est suffisamment formée ? Et on la piétine.

Tous ces slogans vont à l'encontre des commandements de Dieu, tout particulièrement les huitième, neuvième et dixième.

Ne pas mentir fait partie des commandements pour lequel l'enseignement du Catéchisme de l'Église catholique paraît dépassé, car agir à son encontre trouve, chez beaucoup, une légitimité. Les médias dénoncent le mensonge présent dans l'Église tout autant que dans la société, faits à l'appui. Et pourtant, l'Église condamne le mensonge de façon radicale. Comment expliquer cette rupture entre le discours officiel et la pratique ? Est-ce dû simplement à une difficile fidélité à l'exigence morale du christianisme ? Est-ce simplement parce que l'on ne peut vivre soi-même ce que l'on exige des autres ? Ou y a-t-il des causes plus subtiles ?

Avant de chercher une réponse à cette question, il faut voir brièvement comment la tradition s'est située par rapport au mensonge.

Le mensonge d'après la théologique catholique

Saint Augustin est le premier auteur chrétien à avoir écrit des opuscules sur le mensonge ; on en trouve deux sous sa plume, le *De mendacio* (395) et le *Contra mendacium*. Le deuxième ouvrage, écrit à la fin de sa vie, complète le premier qui est une œuvre de jeunesse. Mais les deux ont un point commun : Augustin prononce une condamnation sans appel au sujet du mensonge, quelle que soit sa forme. Pour lui, mentir, « c'est avoir une chose dans l'esprit, et en énoncer une autre soit en paroles, soit en signes quelconques[55] ». Il dit encore : « Le péché du menteur consiste à parler contre sa pensée avec l'intention de tromper. »

Augustin condamne les mensonges blasphématoires, les mensonges qui font du tort à autrui, les mensonges proférés gratuitement et les mensonges qui sont dits dans l'intention de rendre service.

Il rompt par là avec les philosophes et les Pères de l'Église qui l'ont précédé, qui distinguaient entre le mensonge proféré avec l'intention de nuire et celui qui était proféré sans mauvaise intention et pouvait être utile. Si Augustin a une attitude aussi intransigeante à l'égard du mensonge, c'est parce que le mensonge s'oppose à la vérité :

« Il y a de nombreuses catégories de mensonge, mais toutes indistinctement doivent exciter notre haine. Car il n'y a aucun mensonge qui ne soit contraire à la vérité[56]. »

Comme le dit Pierre Sarr, pour Augustin, la vérité « surpasse l'homme lui-même qui doit la préférer à sa propre personne ou à son propre plaisir en vue du bonheur éternel que seule la vérité peut lui procurer. Dans un monde où le mensonge semble être devenu la règle, la pensée de l'évêque d'Hippone pourrait sans doute aider à retrouver certaines valeurs fondamentales[57] ».

---

[55] Augustin, *De mendacio*, III,3.

[56] Ibid., III,4.

[57] Pierre Sarr, « Discours sur le mensonge de Platon à saint Augustin : continuité ou rupture », *Dialogues d'histoire ancienne* 2010/2 (36/2), p. 9 à 29.

La définition du mensonge donnée par saint Thomas se situe dans la ligne de celle d'Augustin :

« Si donc ces trois choses se rencontrent simultanément, c'est-à-dire si ce que l'on énonce est faux, qu'on ait la volonté de l'énoncer ainsi, et qu'on se propose de tromper, alors la fausseté existe matériellement, parce qu'on dit une chose fausse ; elle existe formellement, parce qu'on a la volonté de la dire, et elle existe effectivement, parce qu'on veut faire admettre cette erreur. Cependant la nature du mensonge se prend de la fausseté formelle, c'est-à-dire de ce qu'on a la volonté d'énoncer une chose fausse. Son nom (*mendacium*) lui vient de ce qu'on parle contre sa pensée (*contra mentem*)[58]. »

Et pour saint Thomas, comme pour saint Augustin, tout mensonge est péché :

« Tout mensonge est un mal et un péché dans son genre, puisqu'il est contre nature de mentir. Il faut répondre que ce qui est par lui-même mal dans son genre ne peut être bon et permis d'aucune manière. En effet pour qu'une chose soit bonne, il faut que tout y concoure droitement. Car le bien provient d'une cause intègre, tandis que le mal résulte de chaque défaut particulier, comme le dit saint Denis (*De div. nom.*, chap. 4). Or, le mensonge est mauvais dans son genre ; puisque c'est un acte qui a pour objet une matière illégitime. [...] Tout mensonge est donc un péché, comme l'affirme saint Augustin (*Lib. cont. mendac.*, chap. 1)[59]. »

Un constat s'impose : dans l'Église, le mensonge est la clé de compréhension d'une nouvelle morale qui a force de loi. Et à la racine des dérives qui sévissent dans la vie religieuse, il y a le mensonge : il a pris place dans le gouvernement de nombre de communautés, anciennes ou nouvelles. Or, dit saint Thomas, le mensonge est opposé à la vérité.

Le Catéchisme de l'Église catholique ne fait que reprendre la théologie de saint Thomas.

---

[58] Thomas d'Aquin, *Somme théologique*, IIa IIae, q. 110, a. 1, *corpus*.

[59] Ibid., a. 3, *corpus*.

Le mensonge aussi vieux que la vie monastique

Dans la première littérature monastique, le mensonge était fermement dénoncé comme obstacle à la vie avec Dieu. Mais il s'agissait toujours du mensonge personnel, non du mensonge qui envahit toute une société jusqu'à devenir structurel. Les conseils étaient donnés en vue de la pureté du cœur.

On peut lire chez saint Jean Climaque, moine du VIe siècle :

« Comme la pierre et le fer se choquant l'un l'autre produisent du feu, ainsi l'effusion de parles et la raillerie se joignant ensemble produisent le mensonge[60]. »

« Il y en a qui mentent pour le plaisir qu'ils prennent à mentir ; d'autres pour faire rire une compagnie ; et d'autres pour tendre quelque piège à leur prochain et lui procurer quelque mal ou quelque perte[61]. »

« Un homme sage ne niera pas que la haine et le souvenir des injures produisent la médisance. [...] Elle est enfantée par la haine. C'est une maladie subtile et imperceptible. C'est une grosse sangsue qui étant cachée au plus profond de notre âme, suce et tire tout le sang de la charité. C'est une haine intérieure, qui au dehors se couvre de l'apparence d'une amitié fraternelle. C'est une corruption du cœur. C'est un poids qui charge la conscience. C'est une ruine de la pureté[62]. »

Dorothée de Gaza, moine palestinien de la même époque, disait :

« Comme tout péché a pour principe l'amour du plaisir, ou de l'argent, ou de la gloire, ainsi le mensonge est commis pour trois raisons et il a trois causes : pour éviter d'être repris et humilié, pour obtenir ce que l'on désire, ou pour se procurer quelque bien ou quelque avantage. Et le menteur se tourne sans cesse et se retourne, il change de formes et de figures, et ne manque point de se servir de toutes sortes de ruses et d'artifices pour arriver à son but.

---

[60] Jean Climaque, *L'Echelle*, 12ème degré.

[61] Ibid.

[62] Ibid., 10ème degré.

Un homme qui agit de la sorte n'est digne d'aucune créance, et si par hasard il lui arrive de dire quelque chose qui soit vrai, on ne peut le croire parce que la vérité ne sort jamais de sa bouche sans être accompagnée d'obscurités et d'équivoques[63]. »

Le mensonge... pour exiger l'obéissance

Lorsque l'Église a voulu imposer la Règle de saint Augustin aux chanoines, dans le sillage de la réforme grégorienne, on leur a dit que cette Règle avait été celle des premiers chanoines : on leur demandait donc, disait-on, un retour aux sources. Mais en réalité, c'était un mensonge puisque la règle de saint Augustin n'a pas été écrite pour des chanoines. Le but était de tromper les chanoines, pour leur imposer une réforme. Ceci est du passé, mais une affaire similaire s'est produite au Concile de Vatican II. *Lumen gentium* affirme que les conseils évangéliques de chasteté vouée à Dieu, de pauvreté et d'obéissance ont été recommandé par les apôtres et les Pères de l'Église[64]. Mais comment auraient-ils pu recommander ce qu'ils ne connaissaient pas ? C'est François d'Assise qui, le premier, a parlé des trois conseils évangéliques. Là encore, ce mensonge a un but précis : imposer les trois conseils évangéliques à tous les religieux, ce que les documents du Magistère parus par la suite, ont montré.

Si l'on réfléchit sur ces deux exemples, on se rend compte que l'Église impose quelque chose par un mensonge, en s'appuyant sur son autorité. Et comme l'Église récuse toute forme de mensonge, qui oserait réfuter ce qu'elle dit ? Il n'y a qu'à le croire et à se soumettre. Cela pourrait faire penser que l'Église est une autocratie... Car est-ce réellement le Christ qui demande de mentir pour imposer ses idées ? Le mensonge est utilisé dans l'Église pour exercer son autorité et *Vultum Dei quaerere* confirme que ce procédé de gouvernement est encore en vigueur aujourd'hui.

L'usage du mensonge

Force est de constater que l'Église agit souvent comme si elle avait un pouvoir absolu sur les religieux, au nom de leur vœu d'obéissance, oubliant ce que disait saint Thomas. Si des supérieurs, religieux ou ecclésiastiques, ont des intérêts personnels ou

---

[63] Dorothée de Gaza, *Instruction* IX.

[64] LG 43.

collectifs peu avouables, pour se débarrasser de quelqu'un, il leur suffit de faire corps pour le dénoncer et la sanction tombe sans avoir entendu la personne concernée, sans avoir fait la moindre enquête. La délation est alors un mensonge qui sert des intérêts propres, une rancune, ou tout simplement le désir de se débarrasser de quelqu'un. Ceux qui prennent la décision mettent en avant leur intention de ramener à de meilleurs sentiments celui qui se montre, disent-ils, incapable d'obéir.

Ceux qui sont chargés de l'exécution des décisions prises de cette façon autoritaire, sans examen du dossier, sur dénonciations concordantes, se trouvent alors pris entre deux feux. Comment se tirer d'affaire ? là encore, en faisant appel au mensonge. Chercher à faire la vérité serait remettre en cause le pouvoir absolu qui a pris une décision, et perdre sa confiance, puisque ce serait mettre en doute la légitimité de la mission confiée. La solution est d'absolutiser l'autorité de l'Église, dont les décisions ne peuvent être remises en cause. On tombe dans un fonctionnement proche de celui des Etats totalitaires. Tout est bon pour remplir une mission, tout devient légitime puisqu'étant présenté comme obéissance à l'Église. Quelques mensonges sont donc nécessaires pour nier ce que l'on avait jusque-là professé : la conscience devient tout à coup subordonnée au pouvoir ecclésiastique, au Pape qui est invoqué comme une autorité absolue ; les droits des personnes sont anéantis, y compris les droits de l'homme, puisqu'une décision est prise de façon irrévocable, sans avoir fait d'enquête. Le religieux doit se plier à toute décision, en abdiquant son jugement ; il doit s'exécuter sans même savoir pourquoi : la capacité de dire non en conscience, est niée. En bref, tout ce qu'enseigne saint Thomas est mis de côté : une obéissance aveugle sans condition est demandée et celui qui s'y oppose est taxé de désobéissant.

La mise en place d'un mensonge structurel

Comment expliquer que le mensonge se soit si largement répandu dans l'Église et que peu de religieux réagissent au nom même de leur profession religieuse ? La raison est simple : elle est à chercher dans le mensonge à soi-même. Il permet à la victime de fermer les yeux sur ce qu'elle sait pertinemment être un mensonge et de rentrer dans le jeu du supérieur qui lui ment.

Comme l'a écrit Soljenitsyne : « Plus le mensonge est monstrueux, plus probable il est que les gens vont le croire. » Mais il ajoutait que si chacun refusait absolument de mentir une seule fois, le système soviétique exploserait. On pourrait plagier ; si tous les religieux étaient fermement déterminés à ne pas mentir, le système ecclésial qui les enserre exploserait. Mais voilà… combien de religieux le font ? Cette réflexion permet de comprendre pourquoi le mensonge peut prendre une telle expansion dans la vie religieuse et être source de dérives de toutes sortes.

En effet, pour qu'un mensonge marche, il faut qu'il y ait quelqu'un qui l'accepte et lorsque tout un groupe est concerné, il faut que tout le groupe l'accepte. Or accepter le mensonge que l'on sait être un mensonge, c'est se mentir à soi-même en niant ce que l'on sait et en disant que le mensonge est vrai. Il s'établit donc un accord tacite, une sorte de collaboration, entre le menteur et celui à qui il ment. Ceci montre que le mensonge ne détruit pas forcément la confiance, comme on a tendance à le dire ; il peut même la renforcer. Et qui aura le courage de chercher à élucider le mystère de cette unanimité qui pourtant ressemble plus à celle de brigands qu'à la première communauté de Jérusalem ?

Lorsqu'un nombre important de personnes sont concernées, le mensonge devient un mensonge structurel. Il s'établit une coopération entre un ou plusieurs menteurs en charge de responsabilité et les religieux qui croient leurs mensonges tout en se mentant à eux-mêmes, en même temps. On les appelle des victimes du mensonge. Victimes ? Pour une grande part, ils n'ont pas le courage, la force, de dire non au mensonge : ils perdraient l'estime du supérieur à qui, consciemment ou inconsciemment, ils veulent plaire peut-être tout simplement pour continuer à vivre dans la tranquillité. Et ils n'ont pas la force d'accepter les conséquences qui découleraient pour eux de leur refus, pouvant aller jusqu'à l'exclusion de la communauté. C'est rentrer dans un cercle vicieux, car leur attitude renfonce les supérieurs dans leur mensonge. De plus, ce mensonge à soi-même conduit à mentir aux autres, puisque cela nécessite de persuader les autres que l'on dit vrai. Se mentir à soi-même est un péché par pensée qui conduit ainsi à un péché en acte. Et par cet engrenage, le mensonge devient encore plus structurel. Comme tout péché par pensée, se mentir à soi-même repose sur une illusion : cette attitude semble donner la paix, déculpabiliser… mais pour un temps seulement.

Pourquoi accepter de pécher ?

Il faut reconnaître qu'il est difficile de parler de mensonge à soi-même pour de jeunes religieux, car souvent ils ne se connaissent pas encore et ils ne savent pas à quoi l'obéissance religieuse engage réellement. Il n'y a donc pas mensonge. Il faut mieux parler d'auto-tromperie, parce que le jeune religieux n'a pas conscience de la portée de ses actes. Cela explique l'adhésion aux dérives du fondateur, que l'on trouve dans bon nombre de nouvelles communautés composées essentiellement de membres jeunes.

Le cas est différent pour les membres d'une communauté qui ont reçu une formation solide en théologie morale. Il est clair pourtant qu'ils ne sont pas à l'abri des dérives, au contraire. Car, paradoxalement, lorsque dans une communauté, au sens large ou restreint, tout le monde sait que le mensonge est péché, il peut mieux fonctionner.

Pour quelle raison accepter le péché ? Parce que la vérité va à l'encontre de la voie facile : désir de plaire au supérieur, docilité aveugle qui rejette sur d'autres la responsabilité de ses actes, peur des conséquences d'une obéissance libre. Face à un supérieur qui cache sa volonté de puissance en disant haut et fort qu'il accomplit son devoir, les religieux sécrètent le comportement qu'il attend : une soumission servile, une coalition envers le religieux qui veut obéir en vérité et qui devient un bouc émissaire pour le supérieur.

Mensonge au service de la cohésion sociale

Dans l'Église, comme dans la société, les fonctions deviennent de plus en plus diversifiées. Personne ne peut avoir toutes les compétences et la confiance mutuelle est indispensable, car il faut faire appel à des spécialistes dans des domaines que l'on ne maîtrise pas soi-même. Il semblerait que le mensonge sape cette confiance. Car si un spécialiste trompe ses clients, personne ne fera plus appel à lui.

Mais il arrive, tant dans la société que dans l'Église, qu'une même personne ait plusieurs compétences et les intérêts qu'elle défend ne sont pas les mêmes selon le domaine où elle se situe. Le mensonge peut être, dans ce cas, une aide utile pour avoir des prises de position qui lui permettent de tenir la cohésion de tous ses intérêts à la fois, au moins pour un temps… Un conseiller financier, un conseiller canonique, un juriste, qui conseillent des communautés diverses, peuvent être amenés à se trouver face à des intérêts contradictoires ; vont-ils respecter le droit ? ou essayer de trouver des pis-aller pour satisfaire tout le monde ?

La prise en compte de l'utilité du mensonge pour régler sa conduite, qui existait dans la tradition antérieure à Augustin, refait surface.

Une obéissance héroïque

Si, par hasard, un religieux refuse de rentrer dans le système mis en place, il devient très dangereux, car il peut le faire éclater ; il est donc accusé de désobéissance ! Pourtant, comme le dit saint Thomas, « L'amour de Dieu exige qu'on obéisse à ses ordres, comme nous l'avons dit (q. 24, a. 12). C'est pourquoi celui qui désobéit aux préceptes de Dieu fait un péché mortel, parce qu'il fait une chose contraire à la charité divine[65] ». Il est parfois héroïque de désobéir à un supérieur pour ne pas commettre un péché mortel en pactisant avec le mensonge. Cela concerne un des trois domaines, ou plusieurs ensembles, où l'on constate actuellement des dérives : les mœurs, l'argent, la doctrine.

Fidélité à sa conscience

Obéir implique la mise en œuvre d'un jugement personnel. Le religieux doit pouvoir juger du bien-fondé du précepte reçu de celui qui commande. Ce qui veut dire que pour qu'un religieux soit vraiment responsable de ses actes, il doit être capable d'exercer un regard critique face à un supérieur ou à une institution ; sinon, il se soumet, mais il n'obéit pas. S'il se soumet parce que le supérieur a parlé et qu'il ne veut pas sortir vaincu d'une situation conflictuelle, il n'obéit pas, il est esclave.

Se soumettre par peur n'est pas, non plus, obéir ; cela aboutit à un esclavage psychologique. Si le religieux se soumet parce que le supérieur est psychologiquement atteint et qu'il a peur de ses réactions, il n'obéit pas.

Il peut arriver qu'un religieux pense que ce serait une faute morale que d'observer un précepte donné par un supérieur ; dans ce cas, il doit le lui notifier. Il ne doit pas le taire, car la valeur de la conscience est un bien plus grand que l'exercice d'une fonction. Il se peut aussi que le supérieur exige l'obéissance sous peine de sanction. Le religieux

---

[65] Thomas d'Aquin, *Somme théologique*, q. 105, *corpus*.

ne doit pas obéir ; il doit refuser d'exécuter l'ordre et supporter avec patience les sanctions injustes, montrant par là qu'il reconnaît la légitimité de l'autorité. Il montre ainsi qu'il ne cherche pas son propre intérêt, puisqu'il est prêt à endurer une injustice pour être fidèle sa conscience. Il se peut que certains soient scandalisés de voir un frère qui n'exécute pas un ordre reçu par motif de conscience. Cela ne doit pas faire revenir sur la décision celui qui est sûr que, réellement, l'acte demandé est moralement mauvais. En restant fidèle à sa conscience envers et contre tout, il portera doublement la croix du Christ tout en restant dans la paix.

Ceci, c'est le meilleur des cas. Mais le supérieur peut faire pression, proférer des menaces, pour faire céder le religieux qui met en cause une de ses décisions. Rester fidèle à sa conscience devient alors héroïque. Une nouvelle question se pose pourtant à la conscience, si les menaces ont des conséquences pour d'autres personnes.

Il peut y avoir désaccord avec les autorités ecclésiastiques au plan de la doctrine. Là encore, nous devons obéir à notre conscience, dans l'humilité, après avoir bien réfléchi et demandé conseil.

Quelle que soit la cause de la désobéissance par fidélité à sa conscience, il faut savoir que si le religieux arrive à avoir l'avis favorable d'un avocat ecclésiastique et veut faire un recours à Rome, il a peu de chance de gagner, car un religieux désavoué par son supérieur est, d'office, suspect.

Un non ferme au mensonge

Pour terminer, il faut redire clairement qu'un religieux ne doit jamais pactiser avec le mensonge, même s'il doit y perdre sa réputation, sa profession religieuse, ses relations, etc. ; il ne doit pas biaiser sans fin, en usant de tous les méandres de la casuistique à propos de mensonge. Augustin et Thomas d'Aquin sont clairs : le mensonge est toujours un péché. Comme le dit le fr. Luc-Thomas Somme :

« Pour autant, quant à sa propre conduite personnelle, ne faut-il pas désirer présenter cette force de Socrate, de Jean-Baptiste, de Thomas More, de tant de ceux de nos frères et sœurs qui ont su opposer une douce et humble obstination pour dire non à ceux qui voulaient leur imposer l'acquiescement à l'iniquité. Jésus, surtout, donne part à son Esprit de Vérité pour que ses disciples vivent ce qu'il leur commande, que leur oui soit oui et que leur non soit non, même au prix de leur propre vie. La victoire de la vérité a un prix : le sang du Christ. La défaite du mensonge a un nom : la croix du Christ. Ne pas mentir est souvent crucifiant. La question n'est pas de savoir si une bonne casuistique permettrait d'encenser l'illicéité du mensonge en lui tordant le cou en toute circonstance pressante, ni de brandir le doigt menaçant d'un interdit qui transformerait les misères subies en péchés de douteuse vénialité, mais d'inscrire la crucifixion du Verbe dans l'imprévu de notre existence humaine. »

---

[66] Luc-Thomas Somme, « La vérité du mensonge », *Revue d'éthique et de théologie morale* 2005/HS (n°236), pages 33 à 54, https://www.cairn.info/revue-d-ethique-et-de-theologie-morale-2005-HS-page-33.htm

Lacunes dans la formation

Dans un contexte où le mensonge gagne sans cesse du terrain dans divers domaines, la formation est importante, mais elle présente bien souvent des lacunes, et pas uniquement au niveau du gouvernement et de l'obéissance. Nous retiendrons ici deux domaines concernés : la connaissance du droit et la conscience morale.

Méconnaissance du droit

Les religieux sont tenus de respecter les lois du pays dans lequel ils vivent ; ils doivent aussi observer le Code de droit canonique de l'Église. Mais quelle place est donnée à ces domaines dans la formation qu'ils reçoivent ? Leur formation, dans le meilleur des cas, porte sur la théologie ou sur la spiritualité. Mais rarement sur le droit canonique, encore moins sur le droit civil.

Pourtant, « nul n'est censé ignorer la loi ». Le religieux ne peut donc pas faire appel à l'obéissance pour justifier son ignorance de la loi, et pour échapper aux sanctions qu'elle prévoit en cas de transgression. Cependant la trame des solidarités est telle que, concrètement, celui qui obéit sans se soucier de savoir si ce qu'on lui demande est conforme à la loi, peut échapper à la Justice. Obéir sans se poser de question sur le sujet, est donc une voie de tranquillité. Celui qui veut marcher dans la vérité risque par contre de connaître des problèmes, s'il n'est pas au courant des lois.

Mais comment savoir ce qu'il faut faire, étant donné que de nouvelles lois apparaissent sans cesse et qu'il est très difficile de connaître quelles sont celles qui correspondent à la situation dans laquelle il se trouve ?

Comment savoir avec précision quel texte régit une situation donnée et quels sont les effets de ce texte ? Souvent, quand un religieux perçoit que ce qui lui est demandé par obéissance est abusif, il n'est pas armé pour ne pas transiger avec la vérité. Par conséquent, par manque de connaissance du droit, celui qui veut vivre dans la droiture, peut finir par se trouver sanctionner.

Dans l'Église, il peut arriver que le précepte d'un supérieur viole les commandements de Dieu ou les lois civiles ; mais, pour en donner des preuves objectives, le recours à un avocat — en droit civil ou en droit canonique —risque d'être nécessaire. Or un religieux n'a pas d'argent propre, il ne peut faire de dépenses qu'avec l'accord de son supérieur. Quand c'est l'attitude du supérieur qui est en cause, la situation devient donc délicate pour suivre sa conscience, sans être aidé comme il le faudrait, faute d'argent. Le supérieur, par ses relations, a des facilités pour consulter des avocats et trouver le moyen d'interpréter les lois à son avantage, mais ce recours est très difficile pour un religieux qui a une intention droite.

Conscience morale mise dans l'ombre

Suivre sa conscience

Dans la « Déclaration sur la liberté religieuse », le concile Vatican II dit très clairement : « C'est par sa conscience que l'homme perçoit et reconnaît les injonctions de la loi divine ; c'est elle qu'il est tenu de suivre fidèlement en toutes ses activités, pour parvenir à sa fin qui est Dieu. »

Pour saint Thomas, rien n'est au-dessus de la conscience. Il vaut la peine de citer un passage un peu long de la *Somme théologique* où il explique pourquoi :

« Conclusion. Toute volonté qui est en désaccord avec la raison, que celle-ci soit droite ou erronée, est toujours mauvaise.

Il faut répondre que la conscience étant en quelque sorte le *dictamen* de la raison, puisqu'elle est l'application de la science à l'acte, comme nous l'avons dit (1^a, q. 79, a. 13), quand on demande : *Si la volonté qui s'écarte de la raison erronée est mauvaise*, c'est demander *si la conscience erronée oblige*. A cet égard on a distingué trois sortes d'actes : ceux qui sont bons de leur nature, ceux qui sont indifférents et ceux qui sont mauvais. On dit donc que si la raison ou la conscience déclare que l'on doit faire une chose qui est bonne de sa nature, il n'y a pas là d'erreur. De même si elle dit qu'on ne doit pas faire ce qui est mauvais en soi. Car c'est au même titre que le bien nous est commandé et que le mal nous est défendu. Mais si la raison ou la conscience vient à dire à quelqu'un qu'il est tenu *ex prœcepto* de faire ce qui est mauvais en soi, ou qu'elle lui défende des choses qui sont bonnes en elles-mêmes, en ce cas la raison ou la conscience est erronée. De même si la raison ou la conscience dit à quelqu'un que ce qui est indifférent en soi, comme lever de terre une paille, est défendu ou commandé, elle est encore erronée. En conséquence on prétend que la raison ou la conscience erronée, quand elle commande ou défend des choses indifférentes, oblige au point que quand la volonté s'écarte de cette espèce de raison erronée elle est mauvaise et coupable. Mais on soutient que la raison ou la conscience erronée, en commandant des choses qui sont mauvaises par elles-mêmes ou en en défendant qui sont bonnes et nécessaires au salut, n'oblige pas ; par conséquent que la volonté qui s'écarte en cette circonstance de la raison ou de la conscience erronée n'est pas mauvaise. — Ce sentiment est tout à fait irrationnel. Car pour les choses indifférentes la volonté qui s'écarte de la raison ou de la conscience est mauvaise d'une certaine manière, à cause de l'objet dont la bonté ou la malice de la volonté dépend. Or, cet objet n'est pas considéré suivant ce qu'il est dans sa nature, mais selon qu'il est perçu accidentellement par la raison qui le propose comme quelque chose de bon à faire ou comme quelque chose de mal à éviter. Et parce que l'objet de la volonté est ce que la raison lui propose, ainsi que nous l'avons dit (q. 7, a. 1), il s'ensuit que la volonté, quand elle se porte vers une chose, n'est mauvaise qu'autant que la raison lui présente cette chose comme mauvaise elle-même. Et il en est ainsi non seulement pour les choses indifférentes, mais encore pour celles qui sont bonnes ou mauvaises par elles-mêmes. Car il n'y a pas que les choses indifférentes qui puissent prendre accidentellement un caractère de bonté ou de malice, mais ce qui est bon peut aussi avoir le caractère du mal, et ce qui est mal le caractère du bien, selon l'idée que la raison s'en forme. Par exemple, s'abstenir de la fornication est un bien ; cependant la volonté ne se porte vers ce bien qu'autant que la raison le lui propose. Si la raison erronée lui proposait cette même action comme un mal, elle s'y porterait comme vers une chose mauvaise. Par conséquent la volonté est mauvaise quand elle veut le mal, non ce qui est mal en soi, mais ce qui est mal par accident, d'après le concept de la raison. De même la foi en Jésus-Christ est une chose bonne par elle-même et nécessaire au salut, mais la volonté ne s'y porte qu'autant que la raison la lui propose. Ainsi donc, si la raison la lui proposait comme mauvaise, la volonté se porterait vers elle comme vers le mal, non parce que ce serait un mal en soi, mais parce que ce serait un mal par accident, d'après l'idée que s'en serait faite la raison. C'est pourquoi Aristote dit (*Eth.*, liv. 7, chap. 1 ; liv. 5, chap. 9) que l'incontinent, absolument parlant, c'est celui qui ne suit pas la droite raison, et accidentellement c'est celui qui ne suit pas la raison fausse. Il faut donc dire que toute volonté, sans exception, qui est en désaccord avec la raison droite ou erronée est toujours mauvaise[67] .»

Pour saint Thomas, la conscience ne juge pas du bien et du mal « en soi », ce qui serait tomber dans le relativisme moral, mais de la culpabilité morale de la personne. Il est donc nécessaire de former la conscience pour qu'elle ait une juste appréciation du bien et du mal. Si l'on prend l'exemple de Jean Vanier qui adhérait à une doctrine spirituelle erronée et a abusé de six femmes dans le cadre d'une direction spirituelle, on peut supposer qu'il a suivi sa conscience. On pourrait dire la même chose des frères Thomas et Marie-Dominique Philippe. Mais, comme le dit saint Thomas, « la volonté est mauvaise quand elle veut le mal, non ce qui est mal en soi, mais ce qui est mal par accident, d'après le concept de la raison ». Or, en suivant une doctrine erronée, Jean Vanier pensait suivre un bien et il était de son devoir de suivre sa conscience. Mais ce qui est plus grave, c'est qu'il y a eu mensonge : les trois exemples cités savaient pertinemment que cette doctrine avait été condamnée par le Saint-Office et ils auraient dû en avertir les femmes en cause. Il faut se poser une autre question : qu'en était-il de la conscience des femmes abusées ? Leur volonté se portait-elle vers un bien ou vers un mal ? Tout laisse penser que leur conscience n'était pas suffisamment formée.

Des cas semblables se retrouvent dans la vie religieuse, non seulement pour des questions de mœurs, mais aussi, comme je l'ai déjà dit, d'argent et de doctrine. Cela montre bien, en effet, que lorsque des religieux se trouvent dans des situations similaires, ils doivent avant tout, avoir une conscience formée pour ne pas être écrasés. Le manque de formation contribue aux dérives, tout autant que les abus des supérieurs, car si la conscience est incapable de juger sainement de la culpabilité morale, elle est conditionnée par ce qui apparaît à l'intelligence comme bien ou comme mal de façon purement subjective. C'est à partir de là qu'elle portera alors un jugement sur les actes posés. Elle ne joue plus son rôle qui est d'accuser, d'approuver ou d'excuser. On comprend facilement que le subjectivisme ambiant favorise les dérives.

---

[67] Thomas d'Aquin, Ia IIae, q.19, a. 5, *corpus*.

Former sa conscience

Il ne faut pas penser que la voix de la conscience parle au fond de chacun, de façon impérative. Comme le rappelle le P. Souchon, « elle se forme et s'informe dans le dialogue, la confrontation avec les autres, en écoutant d'autres avis, en étudiant d'autres positions. Les règles et les lois des groupes, des sociétés, des Églises sont précisément le fruit de réflexions et de délibérations sur les conditions du bien commun, de la vie en société, en groupe, en Église. Bien sûr, ces règles sont révisables et perfectibles. Il serait pourtant prétentieux de s'en affranchir sans de fortes raisons. Le faire ne saurait être, en tout cas, une solution de facilité, mais seulement une décision coûteuse dans des cas extrêmes[68]. »

La conscience nécessite donc un travail qui prend du temps, car il faut emmagasiner des connaissances. Comme elle ne détermine pas ce qui est mal et ce qui est bien, il est indispensable de connaître la norme universelle et objective de la moralité, définie par la loi divine naturelle, loi qui est exposée en ses principaux préceptes dans le Décalogue. La conscience, en effet, n'est pas un juge infaillible. Et une erreur, même si elle est commise en conscience, reste une erreur. Qu'en est-il donc de la moralité des actes humains ?

La moralité des actes en cause

Rappelons ce que dit le Catéchisme de l'Église catholique (CEC), à propos de la moralité des actes humains :

« L'objet, l'intention et les circonstances constituent les trois "sources" de la moralité des actes humains.

L'objet choisi spécifie moralement l'acte du vouloir selon que la raison le reconnaît et le juge bon ou mauvais.

"On ne peut justifier une action mauvaise faite avec une bonne intention" (S. Thomas d'A., *dec. prœc.* 6). La fin ne justifie pas les moyens.

[68] Michel Souchon, https://croire.la-croix.com/Definitions/Lexique/Conscience/Conscience-et-obeissance

L'acte moralement bon suppose à la fois la bonté de l'objet, de la fin et des circonstances.

Il y a des comportements concrets qu'il est toujours erroné de choisir parce que leur choix comporte un désordre de la volonté, c'est-à-dire un mal moral. Il n'est pas permis de faire le mal pour qu'il en résulte un bien » (CEC 1757-1761).

La morale implique d'observer tout d'abord les dix commandements de Dieu, et l'attention doit se porter aujourd'hui tout particulièrement sur les quatre derniers qui semblent oubliés, lorsqu'on se penche sur les dérives de l'autorité et de l'obéissance. Rappelons-les : « Tu ne voleras pas. Tu ne mentiras pas. Tu n'auras pas de désir impur volontaire. Tu ne désireras pas injustement le bien des autres. »

Les supérieurs, supérieurs religieux ou prélats ecclésiastiques, ne sont pas des saints à cause de leur fonction. Ils connaissent la tentation, tout comme tout un chacun, et leur conscience est quelque fois élastique. Celui qui n'a pas de rigueur morale ne l'acquiert pas du fait qu'il devient supérieur. Et ne pas tenir compte des dix commandements, c'est empiéter sur un domaine qui ne relève pas du bien commun de la communauté. Pour le supérieur, c'est donc empiéter sur des domaines qui ne sont pas les siens, mais ceux de Dieu. Si la parole du supérieur, d'un prélat, est implicitement regardée comme parole de Dieu qui dispense de juger par soi-même, il n'y a pas besoin de s'informer, de chercher à comprendre la situation. Et comme tout supérieur a des supérieurs, si cette attitude est de mise sur toute la chaîne, le religieux est perdu, il va sombrer ! S'il refuse d'obéir à ce qui est contraire aux commandements de Dieu, il est perdu aussi... bien que différemment : il sera discrédité devant tous.

Bien des religieux, actuellement, qui ont reçu un enseignement sur les dix commandements, et sur la morale d'une façon générale, sont prêts à les oublier dans des situations concrètes où ils obligent à une obéissance héroïque. Il est donc important de rappeler ce que dit le Catéchisme de l'Église catholique (CEC), à propos des commandements qui sont le plus souvent bafoués dans les dérives.

Tu ne voleras pas.

Le respect des biens d'autrui peut résumer le septième commandement :

« Le septième commandement interdit le vol, c'est-à-dire l'usurpation du bien d'autrui contre la volonté raisonnable du propriétaire. Il n'y a pas de vol si le consentement peut être présumé ou si le refus est contraire à la raison et à la destination universelle des biens. C'est le cas de la nécessité urgente et évidente où le seul moyen de subvenir à des besoins immédiats et essentiels (nourriture, abri, vêtement ...) est de disposer et d'user des biens d'autrui (cf. GS 69, § 1).

Toute manière de prendre et de détenir injustement le bien d'autrui, même si elle ne contredit pas les dispositions de la loi civile, est contraire au septième commandement. Ainsi, retenir délibérément des biens prêtés ou des objets perdus ; frauder dans le commerce (cf. Dt 25,13-16) ; payer d'injustes salaires (cf. Dt 24,14-15 ; Jc 5,4) ; hausser les prix en spéculant sur l'ignorance ou la détresse d'autrui (cf. Am 8,4-6).

Les promesses doivent être tenues, et les contrats rigoureusement observés dans la mesure où l'engagement pris est moralement juste. Une part notable de la vie économique et sociale dépend de la valeur des contrats entre personnes physiques ou morales. Ainsi les contrats commerciaux de vente ou d'achat, les contrats de location ou de travail. Tout contrat doit être convenu et exécuté de bonne foi.

Les contrats sont soumis à la justice commutative qui règle les échanges entre les personnes et entre les institutions, dans l'exact respect de leurs droits. La justice commutative oblige strictement ; elle exige la sauvegarde des droits de propriété, le paiement des dettes et la prestation des obligations librement contractées. Sans la justice commutative, aucune autre forme de justice n'est possible » (CEC 2408-2411).

Tu ne mentiras pas.

Ne pas mentir, qui fait l'objet du huitième commandement, a des implications concrètes :

« "Le *mensonge* consiste à dire le faux avec l'intention de tromper" (S. Augustin, *mend.* 4,5 : PL 40, 491). Le Seigneur dénonce dans le mensonge une œuvre diabolique : "Vous avez pour père le diable ... il n'y a pas de vérité en lui : quand il dit ses mensonges, il les tire de son propre fonds, parce qu'il est menteur et père du mensonge" (Jn 8,44).

La gravité du mensonge se mesure selon la nature de la vérité qu'il déforme, selon les circonstances, les intentions de celui qui le commet, les préjudices subis par ceux qui en sont victimes. Si le mensonge, en soi, ne constitue qu'un péché véniel, il devient mortel quand il lèse gravement les vertus de justice et de charité.

Le mensonge est condamnable dans sa nature. Il est une profanation de la parole qui a pour tâche de communiquer à d'autres la vérité connue. Le propos délibéré d'induire le prochain en erreur par des propos contraires à la vérité constitue un manquement à la justice et à la charité. La culpabilité est plus grande quand l'intention de tromper risque d'avoir des suites funestes pour ceux qui sont détournés du vrai.

Le mensonge (parce qu'il est une violation de la vertu de véracité), est une véritable violence faite à autrui. Il l'atteint dans sa capacité de connaître, qui est la condition de tout jugement et de toute décision. Il contient en germe la division des esprits et tous les maux qu'elle suscite. Le mensonge est funeste pour toute société ; il sape la confiance entre les hommes et déchire le tissu des relations sociales » (CEC 2482-2486).

Tu n'auras pas de désir impur volontaire.

La purification du cœur qui fait l'objet du huitième commandement, inclut la chasteté, l'amour de la vérité, l'orthodoxie de la foi, autant de dimensions de la vie chrétienne qui sont parfois malmenées dans la vie religieuse :

« Le cœur est le siège de la personnalité morale : "C'est du cœur que viennent intentions mauvaises, meurtres, adultères et inconduites" (Mt 15,19). La lutte contre la convoitise charnelle passe par la purification du cœur et la pratique de la tempérance :

Maintiens-toi dans la simplicité, l'innocence, et tu seras comme les petits enfants qui ignorent le mal destructeur de la vie des hommes (Hermas, mand. 2,1).

La sixième béatitude proclame : "Bienheureux les cœurs purs, car ils verront Dieu" (Mt 5,8). Les "cœurs purs" désignent ceux qui ont accordé leur intelligence et leur volonté aux exigences de la sainteté de Dieu, principalement en trois domaines : la charité (cf. 1 Tm 4,3-9 ; 2 Tm 2,22), la chasteté ou rectitude sexuelle (cf. 1 Th 4,7 ; Col 3,5 ; Ep 4,19), l'amour de la vérité et l'orthodoxie de la foi (cf. Tt 1,15 ; 1 Tm 1,3-4 ; 2 Tm 2,23-26). Il existe un lien entre la pureté du cœur, du corps et de la foi » (CEC 2517-2518).

Tu ne désireras pas injustement le bien des autres.

Le dernier commandement porte sur les biens d'autrui :

« Le dixième commandement proscrit l'*avidité* et le désir d'une appropriation sans mesure des biens terrestres ; il défend la *cupidité* déréglée née de la passion immodérée des richesses et de leur puissance. Il interdit encore le désir de commettre une injustice par laquelle on nuirait au prochain dans ses biens temporels.

Quand la Loi nous dit : "Vous ne convoiterez point", elle nous dit, en d'autres termes, d'éloigner nos désirs de tout ce qui ne nous appartient pas. Car la soif du bien du prochain est immense, infinie et jamais rassasiée, ainsi qu'il est écrit : "L'avare ne sera jamais rassasié d'argent" (Si 5,9) (Catech. R. 3,37) » (CEC 2536).

Conclusion

Pour lutter contre les dérives, il me semble qu'il faut commencer par s'interroger sur la formation qui est donnée. En rester à une théologie théorique, ou à des moyens canoniques de contrôle, risque fort de ne pas avoir d'impact sur la réalité. Chaque religieux doit apprendre à affronter les situations difficiles sans biaiser, à rester fidèle à Dieu et à sa conscience, même si cela doit déplaire au supérieur. Il doit être prêt à aller jusqu'à dire non à un précepte formel du supérieur qui oblige immédiatement et gravement le sujet en vertu de son vœu. L'obéissance, en bref, doit être libre ; en effet, suivre le Christ obéissant jusqu'à la mort de la croix, n'est pas forcément dire oui à tout ce que dit un supérieur en renonçant à son jugement propre. L'obéissance libre rejoint alors la pauvreté, car un religieux risque d'être exclu à cause de sa liberté, et de se retrouver sans rien.

La femme dans l'Église

Lorsqu'une religieuse s'affranchit du statut de la femme qui a cours dans l'Église, elle peut s'attendre à connaître des déboires. Il est donc important de commencer par situer ce que l'Église dit de la femme et de repérer quelques lacunes qui ouvrent la porte à des contrefaçons de l'obéissance.

De nombreux textes officiels de l'Église parlent de la femme. Le plus marquant est peut-être la lettre apostolique de Jean-Paul II : *Dignitatem Mulieris*, sur la dignité et la vocation de la femme (1988). Il y est rappelé dès l'introduction que

« La dignité de la femme et sa vocation — objets constants de la réflexion humaine et chrétienne — ont pris ces dernières années un relief tout à fait particulier. On le constate, entre autres, dans les interventions du Magistère de l'Église, reprises par divers documents du Concile Vatican II, qui a ensuite affirmé dans son Message final : "L'heure vient, l'heure est venue où la vocation de la femme s'accomplit en plénitude, l'heure où la femme acquiert dans la cité une influence, un rayonnement, un pouvoir jamais atteints jusqu'ici. C'est pourquoi, en ce moment où l'humanité connaît une si profonde mutation, les femmes imprégnées de l'esprit de l'Evangile peuvent tant pour aider l'humanité à ne pas déchoir. Les paroles de ce message résument ce qui avait déjà été exprimé par l'enseignement du Concile, notamment dans la constitution pastorale *Gaudium et spes* et dans le décret sur l'apostolat des laïcs *Apostolicam actuositatem*"[69] ».

L'essentiel de la lettre se concentre sur deux dimensions : épouse et mère. Il est évident que ce sont des dimensions capitales, mais il ne faudrait pas que cela en télescope d'autres : la femme, en effet, est un être libre, responsable, et pourquoi pas... intelligent, capable de penser ? Tout un courant veut mettre en avant dans l'Église son

69 Jean-Paul II, *Dignitatem Mulieris* http://w2.vatican.va/content/john-paul-ii/fr/apost_letters/1988/documents/hf_jp-ii_apl_19880815_mulieris-dignitatem.html

savoir-faire, ses compétences, sa capacité de décision, de gouvernement. Mais il y a plus important que le faire. Est-elle un sujet qui a des droits ?

Quelques années plus tard, en 1995, dans une lettre aux femmes, Jean-Paul II a écrit :

« Nous avons malheureusement hérité d'une histoire de très forts *conditionnements* qui, en tout temps et en tout lieu, ont rendu difficile le chemin de la femme, fait méconnaître sa dignité, dénaturer ses prérogatives, l'ont souvent marginalisée et même réduite en esclavage. Tout cela l'a empêchée d'être totalement elle-même et a privé l'humanité entière d'authentiques richesses spirituelles. Il ne serait certes pas facile de déterminer des responsabilités précises, étant donné le poids des sédimentations culturelles qui, au cours des siècles, ont formé les mentalités et les institutions. Mais si, dans ce domaine, on ne peut nier, surtout dans certains contextes historiques, la responsabilité objective de nombreux fils de l'Église, je le regrette sincèrement. Puisse ce regret se traduire, pour toute l'Église, par un effort de fidélité renouvelée à l'inspiration évangélique qui, précisément sur le thème de la libération de la femme par rapport à toute forme d'injustice et de domination, contient un message d'une permanente actualité venant de *l'attitude même du Christ.* Celui-ci, dépassant les normes en vigueur dans la culture de son temps, eut à l'égard des femmes une attitude d'ouverture, de respect, d'accueil, de tendresse. Il honorait ainsi chez la femme la dignité qu'elle a toujours eue dans le dessein et dans l'amour de Dieu. En nous tournant vers lui en cette fin du deuxième millénaire, nous nous demandons spontanément à quel point son message a été reçu et mis en pratique[70]. »

Dans le monde romain, l'homme était libre et la femme sous tutelle : elle était épouse et mère. Mère de famille — *matrona* —, elle devait se comporter en épouse soumise, sous l'autorité absolue du chef de famille. Elle restait à la maison pour filer et tisser la laine. Elle était la gardienne du foyer et avait un certain pouvoir dans la maison : sur les servantes et les enfants. Mais elle était privée à peu près de tous les droits de l'homme libre… à cause de la fragilité de son sexe, disait-on ; à cause de son

---

70Jean-Paul II, *Lettre aux femmes*, 29 juin 1995, http://www.vatican.va/content/john-paul-ii/fr/letters/1995/documents/hf_jp-ii_let_29061995_women.html

influence possible, en fait. Sa condition est donc proche de celle de l'esclave. Au premier siècle de notre ère, une évolution a commencé à se faire. Mais, dans l'Église, c'est ce modèle qui continue à être tacitement en vigueur à l'égard des religieuses, surtout des moniales. On le justifie, bien sûr, par des élévations spirituelles.

Il serait donc bon de se rappeler quelques points importants concernant la femme.

Une femme a une conscience, tout autant qu'un homme. Dans l'Église, un supérieur doit se souvenir que, si l'exécution d'un ordre par un religieux est sans valeur si elle ne procède pas de sa conscience, cela est vrai aussi pour une femme. Une religieuse n'est pas une mineure qui exécute ce qu'on lui commande les yeux fermés.

Une femme a aussi la capacité de penser, pas forcément à la manière masculine, mais avec autant de profondeur, car l'intuition lui donne des capacités que les hommes n'ont pas.

Enfin, une femme est sujet de droit, tout comme un homme, et cela devrait être pris en compte dans l'Église. Sinon il ne faut pas s'étonner qu'une religieuse puisse être traitée comme une esclave, même si cela est nié.

Conclusion

Les difficultés de l'obéissance ne sont plus les mêmes que dans la deuxième moitié du XXe siècle. On insistait alors sur le manque de maturité, sur l'esprit d'indépendance des jeunes, etc. Mais, il y a une vingtaine d'années environ, le vieillissement de la vie religieuse en Europe a conduit à vouloir prendre des mesures pour y remédier. La situation étant inédite, les mesures prises ont donc été inédites, mais elles ont empiété sur le droit des personnes. Alors que dans l'Ordre des Prêcheurs, il est recommandé de prendre du temps, voire d'en perdre, pour arriver à un *consensus*, le mouvement s'est accéléré. Des décisions ont été prises sans consulter les intéressé(e)s. L'intention était probablement bonne au point de départ, mais la situation, de fil en aiguille, a fini par tourner à la dictature, au nom d'une obéissance qui n'avait plus rien à voir avec celle enseignée par saint Thomas d'Aquin.

Une obéissance à deux vitesses s'est installée : d'une part une doctrine très belle, très affinée et nuancée et, de l'autre, un comportement sans dialogue, qui peut finir par être brutal, et qui impose une obéissance qui n'en est pas une. Il serait donc nécessaire de revoir la formation à frais nouveaux en tenant compte du glissement qui s'est produit.

Conclusion

Au terme de cette réflexion, il apparaît clairement que cibler les communautés nouvelles et les nouvelles communautés comme lieux des dérives, ne tient pas compte de la réalité. Dans les formes de la vie religieuse qui bénéficient d'une longue tradition, les dérives existent aussi, au moins aussi graves : le poison du monde, au sens johannique du terme, y a pénétré et a porté ses fruits mortifères.

Il est bon d'apporter son soutien aux victimes de la pédophilie et des abus spirituels qui ont lieu dans la vie religieuse, mais comment soutenir en même temps — ou tout au moins refuser de voir — des structures qui font d'autres victimes que personne ne veut écouter, et plus, que l'on cherche à faire taire ? Faudra-t-il que des scandales sortent au grand jour pour que le problème du mensonge retienne l'attention ? Alors, tout à coup, une écoute des victimes deviendra de mise ainsi que des paroles de pardon ; et l'on se mettra à les assurer du soutien de l'Église avec de grands discours relayés par la presse…

Le mensonge fait beaucoup de victimes dans l'Église et il affaiblit en particulier la vie religieuse féminine, en la pervertissant de l'intérieur. Il est vrai que la vérité a toujours le dernier mot. Seulement, quand elle apparait au grand jour, beaucoup de personnes ont déjà été détruites intérieurement, car leur silence les a rendues complices, en quelque sorte, de ce qu'elles ont subi ; et il leur est très difficile d'arriver à faire le point sur les actes qu'elles ont posés avec un accord tacite.

Un proverbe dit qu'il vaut mieux prévenir que guérir. Alors, pourquoi soutenir le mensonge qui déstabilise les vocations, quand la vie religieuse devrait être un lieu de croissance humaine et spirituelle, sur un chemin de vérité ? Comment espérer un renouveau de la vie religieuse tout en soutenant le mensonge ?

L'*aggiornamento* prôné par le Concile Vatican II est encore à venir…

Du même auteur

La Charité et l'unité, Une clé pour entrer dans la théologie de saint Augustin, Cahiers de l'École Cathédrale, n° 6, Paris, Mame, 1993 (épuisé).

Saint Dominique et la vie apostolique dominicaine, Cahiers de l'École Cathédrale, n° 20, Paris, Cerp-Mame, 1996 (épuisé). Traduction en italien, 2017.

La Règle de saint Augustin, Préface de Monseigneur P. Raffin, Cerf, Paris, 1996 (épuisé).

Chercher Dieu avec les Pères du désert et leurs héritiers, Vieille-Toulouse, Source de Vie, 1996 (épuisé). Traduction en tchèque, 1999.

Tu aimeras ton frère, À l'école des Pères du désert, Vieille-Toulouse, Source de Vie, 1997 (épuisé). Traduction en tchèque, 1999.

Se consacrer à Dieu, Une théologie de la vie consacrée, Préface du Fr. Timothy Radcliffe, Paris, Téqui, 1998 (épuisé) ; traduction en italien, 2020.

Saint Jean Cassien. Sa doctrine spirituelle, Marseille, La Thune, 2002 (épuisé).

Aux origines de l'Ordre des Prêcheurs, une mystique, Marseille, La Thune, 2004 (épuisé).

Des Moniales dominicaines à Lourdes, Lourdes, autoédition, 2005.

Saint Augustin. Comme un cerf altéré, Mesnil Saint-Loup, Le Livre Ouvert, 2006.

Saint Antoine. Conduit au désert par l'Esprit, Mesnil Saint-Loup, Le Livre Ouvert, 2006.

Le Royaume de Dieu est en vous. Une lecture symbolique du Cantique des Cantiques, Le Muveran, Parole et Silence, 2008.

Foi et guérison. Repères et critères chrétiens, Marseille, La Thune, 2008 (épuisé).

Découvrir les Pères de l'Église à travers la Liturgie des Heures, Paris, DDB, 2010.

Dominique et Augustin, Saint-Maurice, Ed. Saint-Augustin, 2010.

Les Miracles de saint Dominique. Prières et textes, Saint-Benoît-du-Sault, Ed. Bénédictines, 2010.

Prier le Rosaire avec les saints, Saint-Benoît-du-Sault, Ed. Bénédictines, 2012.

Notre-Dame de Lourdes. Prières et textes, Saint-Benoît-du-Sault, Ed. Bénédictines, 2013.

L'Effusion de l'Esprit en Église, Préface de Monseigneur P. Raffin, Saint-Benoît-du-Sault, Ed. Bénédictines, 2013.

Le Rosaire, une lectio divina *avec Marie*, Saint-Benoît-du-Sault, Ed. Bénédictines, 2014.

La Foi est un combat. Itinéraire d'une moniale, Paris, Salvator, 2015.

Sainte Mariam de Jésus Crucifié. Témoignage du chanoine Bordachar, Recueil de notes de Mère Élie, Saint-Benoît-du-Sault, Ed. Bénédictines, 2016.

Sainte Catherine de Sienne, Saint-Benoît-du-Sault, Ed. Bénédictines, 2017.

Sainte Marie-Madeleine, Saint-Benoît-du-Sault, Ed. Bénédictines, 2017.

Les Pères de l'Église dans la Liturgie des Heures, L'âge d'or, vol. II, Les Pères latins, Le Muveran, Parole et Silence, 2017.

Le Nouvel Age à l'œuvre dans l'Église. La gnose de retour, Paris, L'Harmattan, 2018.

L'Eucharistie, rencontre du Ressuscité, Ed. Bénédictines, Saint-Benoît-du-Sault, Ed. Bénédictines, 2018.

L'Heure de la mort. Le grand passage vers la vie !, Ed. Bénédictines, Saint-Benoît-du-Sault, 2018.

Les Pères de l'Église dans la Liturgie des Heures, L'âge d'or, vol. III, *Les Pères grecs et syriaques*, Le Muveran, Parole et Silence, 2018.

Les Pères de l'Église dans la Liturgie des Heures, L'âge d'or, vol. IV, *Augustin*, Le Muveran, Parole et Silence, 2020.

La Face cachée de la vie des moniales. Une dominicaine témoigne, Croix du Salut, 2020.

Chrétien, qu'as-tu fait de la vie éternelle ? Lecture spirituelle de la première lettre de Jean, Parole et Silence, 2020.

Destinée du Messie, prophète de la grâce. Lecture spirituelle de l'évangile de Luc, Croix du Salut, 2021.

Dieu à la recherche de l'homme. Lecture spirituelle du livre d'Osée, Parole et Silence, 2021.

Table des matières

Une solide formation théorique

Difficultés de la mise en pratique

Printed by Books on Demand GmbH, Norderstedt / Germany